女人自控力

春日／著

天津出版传媒集团
天津人民出版社

图书在版编目（CIP）数据

女人自控力 / 春日著. -- 天津 : 天津人民出版社，2018.9

ISBN 978-7-201-13878-7

Ⅰ. ①女… Ⅱ. ①春… Ⅲ. ①女性－情绪－自我控制－通俗读物 Ⅳ. ①B842.6-49

中国版本图书馆 CIP 数据核字（2018）第 174079 号

女人自控力

NÜRENZIKONGLI

春　日　著

出　　版　天津人民出版社
出 版 人　黄　沛
地　　址　天津市和平区西康路 35 号康岳大厦
邮政编码　300051
邮购电话　（022）23332469
网　　址　http://www.tjrmcbs.com
电子邮箱　tjrmcbs@126.com

责任编辑　王昊静
策划编辑　马剑涛
装帧设计　润和佳艺

印　　刷　大厂回族自治县彩虹印刷有限公司
经　　销　新华书店
开　　本　880×1230 毫米　1/32
印　　张　7
字　　数　105 千字
版次印次　2018 年 9 月第 1 版　2018 年 9 月第 1 次印刷
定　　价　42.00 元

时光可以“红了樱桃，绿了芭蕉”，却也会让诗人生出“最是人间留不住，朱颜辞镜花辞树”的叹息。总有人戏说“时间是把杀猪刀，刀刀催人老”，但是在一些女人的身上，这句话却并不灵验，即使光阴老去，她们还是风神依旧，惹得多少女人羡慕、赞叹不已。还是奥黛丽·赫本一语道破真相：“优雅的女人不生气。”

不错。“心中若无烦恼事，便是人间好时节。”女人同样也要面对家庭、职场等各种纷纭复杂的人际关系，然而“万事莫如风过耳，人生几度月当空”，纷繁琐屑的日常，并没有使她们的性情变得暴躁无常，因为她们懂得不为凡俗琐事争执。

而俗世纷扰，我们往往为了一些不如意之事便大动肝火，抑或是一副眉头深锁的样子，可还是锁不住幸福。究其原因，是没有学会好好地爱自己，让自己活出最优雅的姿态。毕竟，缺少了自控的能力，谁也无法为我们自己的人生负责。

现代人的心智，似乎仍有漫漫长路尚未抵达，而这些无关年龄与学历。不怒的能力，似乎在今天人们的身上日益稀有。而在怒火焚身的瞬间，我们实际上将自己变成了一只扑火的飞蛾，用貌似最壮烈的方式完成一次自我的戕残。虽然凤凰也有涅槃，但是我们的重生仿佛与灰烬无缘，有的只是日复一日的颓唐，却不见黎明递来一枝慈悲的橄榄绿。

女人倘若疼惜和怜爱自己，那么及时地让自己变得更加优雅，便是对生命最好的回应。温婉是女人的独家秘籍，大气却并非男人的专利，在我们修炼时，两者都是赋予我们不怒能力的来源。跳出情绪的桎梏，当你以超然的眼光去打量万事时，万事便如过眼云烟，幸福便已在你平和淡然的微笑里得到了当下的验证。

本书立足于生气对女人的危害和生气的种种情况以及如何进行自我疏导，以具体案例佐证，便于读者理解以及在生活中践行。每章后面都附有修炼秘籍，以期对读者在具体操作上可以有所指导。女性朋友从中可以了解自己愤怒情绪的根源，同时也可以掌握控制自己愤怒情绪的方法，做自己的心理调节师。

倘若你每日还在为家庭琐事烦躁不已，为职场事务焦头烂额，为人际关系尴尬窘迫，为生活现状怨气满腹，那么是时候读一读这本书了，不做愤怒情绪的奴隶，向情绪失控说声再见，来一次华丽的转身，也许你从来没有想过，其实自己本来就可以这样优雅。

目录 contents

第一章　女人不怒是惜身，健康美丽直到老

怒火背后，警惕健康暗礁　002

忧愁埋下亚健康的隐疾　007

心平气和才是青春常驻之道　013

别让情绪崩盘引起胃和体形的失控　017

悦动人生，在运动中释放压力　020

修炼秘籍　女人怎样更有气质　024

第二章　女人慎怒更优雅，怒火中烧损修养

何苦用别人的错误来惩罚自己　028

一笑一低头，保持如兰的优雅　031

唇枪舌剑中没有赢家　034

当怒火一触即发，不妨抽身而退　038

有选择地健忘，清清心灵回收站　040

通则不痛，学会疏导坏情绪 044
发泄时谨防殃及无辜 048
修炼秘籍 如何应对愤怒情绪 051

第三章 女人寡怨也无尤，乐天知命当惜福

思维转弯处，另一扇门为你开启 054
如果木已成舟，就既来之则安之 059
只要做好自己，生命总有精彩 062
修炼秘籍 如何才能坚持“三不”原则 066

第四章 女人宽容生和气，谦恭柔婉温如玉

宽容能使你避免成为怒火烧身的飞蛾 070
打消对方无心之过的诚惶诚恐 073
和解是为了给彼此多一点儿余地 076
你的博大才是最好的回击 080
换位思考，不妨多一点儿同理心 084
修炼秘籍 9 条方针让你具有同理心 088

第五章　女人释怀是智慧，随缘自适莫执着

放下后的休息，生活每天都是新的　092

爱到尽头，放手后优雅地转身　095

不肯舍弃怎会拥有整个世界　099

别让失意的懊恼遮住你希望的双眼　103

将心放宽，此生何愁随遇而安　106

修炼秘籍　这 9 样东西你应该果断告别　110

第六章　女人糊涂又何妨，大智若愚是真理

半睁半闭，爱情才有望携手白头　114

适当地示弱，占尽风头也会使人尴尬　119

邻里体谅，何必老死不相往来　123

耍小性子也要适可而止　127

修炼秘籍　8 件傻事不要做　130

第七章　女人淡泊远浮华，不争不羡是自知

平步青云后，一落便是千丈　134

不要攀比他人，你有你自己的美好　138

快乐的天平不因财富而倾斜 142
修炼秘籍 女人最有魅力的 10 种特质 146

第八章 女人宁静最养心，远离浮躁常自省

平静是最好的疗愈师 150
你的梦想，要在沉静里脚踏实地 154
在独处的时间里反观自我 158
这个世界上，本无优越感 161
修炼秘籍 这 5 个技巧，教你保持心如止水 165

第九章 女人超然不受困，胸怀放宽不局促

缺少自信，拷问的爱情走不远 170
孩子，我不想用我的意愿控制你 174
修养是话到嘴边要留情 178
人生是场经历，悦纳所有的不完美 181
别人的幸福，何妨欣然随喜 184
修炼秘籍 安慰自己和他人的 29 句话 186

第十章　女人自足不空虚，内心丰盈不外求
计较付出的回报，格局就小了 192
独立的灵魂，才会得到别人的赞赏 195
按照自己的方式去生活 198
没有谁能替你更好地爱自己 202
感恩这个世界的有情 206
修炼秘籍　看看德国人如何对抗无聊 210

后记 212

章首语

纪晓岚幼时与四叔对对子，叔侄两人以四婶的小脚为题，恼了四婶：“我的脚也拿来对对子！”顺手抓了扫帚要来打叔侄二人。四叔笑道：“谁人不有足？”纪晓岚伶俐，随后接上：“何必动无名。”倒是让四婶转怒为笑了。“无名”一词，恰恰委婉地劝四婶不要动怒。无名火起，所伤不过一己之身，况且若为远离疾病、青春常驻，时时收敛怒火，也是一门必修课。

第一章

女人不怒是惜身，健康美丽直到老

一

怒火背后，警惕健康暗礁

怒意萦怀，情绪恰如失舵之船、离弦之箭，直下险滩。但此时心中依然要谨记为自己点亮一座灯塔，不为其他，只为湍流之中，早已布满健康暗礁，稍一不慎，便会人仰船翻。愤怒给你带来的风险，其实毫不逊色于当年的三峡。

在这个飞速发展的时代里，各种“商”可谓层出不穷：智商、情商、逆商、财商等等，但是很少有人知道还有一个词叫“健商”。何谓健商呢？它是“健康商数”的简称，即评价和估测自身健康指数的一个标准。如果能够很好地利用它，就可以帮助我们始终保持健康状态。而它本身也与重视“身心合一”的中国传统理念密不可分，认为保持平和安宁的愉悦心态，本身就意味着拥有了身体健康的保证。

可是随着生活节奏的加快，保持平和安宁的心态对于女人来说竟然都成了一种奢望。这个世界上本来就很难找到与自己完全契合的人，每个人都有自己的独特性，正如找不到完全相同的两片叶子。我们经常会碰到与自己理念不同的亲友、同事，交流的过程中避不可免会有一些误会、摩擦；在生活中，一些小细节也会因为不合心意而令我们心烦。于是，怒从心头起，火向胆边生。长此以往，没有了平和的心境，我们的健康可就岌岌可危了。

在怒火熊熊燃烧的背后，你或许以为烧掉了心里丛生的杂草，前路一片开阔，实则不然，前方即使不是沼泽，也会是一片深不见底的水面，水下其实暗礁密布，健康的小船到这里可是说翻就翻。

我国第一部中医理论经典《黄帝内经·素问·举痛论》中就指出："百病生于气也，怒则气上，喜则气缓，悲则气消，恐则气下，寒则气收，炅则气泄，惊则气乱，劳则气耗，思则气结。"生气的时候，本来应该下行的气就会向上逆行，我们会说"气不顺"。更严重的是，"气得一口老血吐出来"，这有点夸张，但确实会要了人的性命。

科学家做过一个实验：把人在生气时呼出的"气水"注射到白鼠身上，几分钟后白鼠便一命呜呼了。这个结果可谓是触目惊心。

但是生气对人体健康的危害具体都有哪些呢？

1. 抵抗力下降

我们都知道胆固醇的危害，却不知道在生气时它会转化成一种皮质固醇，这种物质如果积累过多，免疫细胞的工作就会受到阻碍，不知不觉中你身体的免疫力就会下降。

2. 伤肝

都说"气大伤肝"，这原因在于人生气时，机体会分泌一种叫作"儿茶酚胺"的物质，这种物质作用在中枢神经系统，会使血液和肝细胞内的毒素含量飙升。

3. 甲亢

甲亢还跟生气有关？对，你没看错。当你气不打一处来的时候，身体内环境会顿时紊乱，甲状腺接收到错误的指令，结果分泌激素增加，时间长了便会引发甲亢。

4. 伤肺

这个好理解吧，《红楼梦》里那位时不时会生气的林妹妹，就是为肺病所苦。人在生气的时候，往往呼吸急促，此时肺泡不停地扩张和收缩，正是因为疲于奔命，时间长了肺泡也会“因公殉职”的。

5. 胃溃疡

有人说“气得我胃疼”，这还真不是玩笑话。生气会促使交感神经兴奋，作用到心脏和血管上，导致胃肠中的血流量减少，难以保持原速运转，蠕动放慢，结果人就会不思饮食，严重者就会引发胃溃疡。

7. 加速大脑衰老

这个听起来很可怕，我们每个人都不希望得老年痴呆吧？可是生气恰恰会把大量的毒素输送给脑细胞，还让大脑处于缺氧状态，时间长了，也要当心提前变成老年痴呆症患者啊！

8. 心肌缺氧

我们常常会见到有些人被气得心脏病发作，这是因为生气时大量血液直冲头部，使得心脏的血液供应不上了，从而造成心肌缺

氧。然而心脏为了足够的氧供应不得不加倍工作，导致心跳更加不规律，也更容易致命。

另外，对于女人来说，生气还会使更可怕的两种疾病缠上身。

1. 月经不调

有的女人平素就内向忧郁，有了不愉快的事情总是压在心里，结果长时间的压抑就会导致肝气郁结，经脉不通，出现头痛、失眠、情绪波动、乳房胀痛等经前症状，严重者会出现闭经、崩漏或早更的症状，更甚者会患上良性或者恶性肿瘤。

2. 乳腺疾病

既然生气会导致肝气郁结、气滞血瘀，那么乳腺增生、乳腺结节的问题就要小心了，严重的可能会诱发乳腺癌。这在临床上多有案例，尤其是中年女性，会出现乳房肿块、经前胀痛、心烦气躁、口苦、月经周期不规律等症状，这时就要警惕，你的身体已经开始发出预警了。

如果是准妈妈，那影响的就不只是一个人了。妈妈生气时释放出的毒素，会直接危害胎儿，使得胎儿的机体也会受到影响。正因如此，孕妇尤其要戒怒。

综上所述，一旦心头无名火起，你的健康小船离触礁也就不远了。还有人说，生气1小时相当于熬夜加班6小时。而疾病接踵而来，恰是对自己实施的酷刑，甚至盛怒之下可能暴亡。与自身的健康长寿比起来，我们又何必去争一时之气，因小而失大呢？

当然，在饮食上我们也可以食用以下具有消气作用的食物来进行调控。

◎白萝卜：顺气健胃，清热化痰，有助于治疗气郁上火。生吃或煎水服用均可。

◎金橘：理气，解郁，化痰。可连皮吃。

◎陈皮（橘皮）：顺气化痰。可泡水当茶饮。

◎山楂：顺气止痛，化食消积。对气滞血瘀所致的胸腹胀满疼痛，或生气引起的心绞痛、心律不齐，皆有一定疗效。可与橘皮或萝卜籽一同煎水服用。

◎莲藕：理气，健脾，养心安神。可做凉拌菜吃或煎水服用。

◎佛手：理气化痰，舒肝解郁。花、果可以泡茶喝，很有疗效。

◎玫瑰：消食顺气，清热化痰。气郁上火的人可以用玫瑰花沏茶，也可以在室内插上几枝玫瑰，有很好的安神作用。

一

忧愁埋下亚健康的隐疾

有个成语叫“厝火积薪”，意思就是把火放到柴堆的下面，古人以此来比喻隐藏着巨大的隐患。认为火还没有燃起来就很安全，就可以在这样的柴堆上睡觉，这在任何人看来都会觉得愚不可及。可是如果天天枕着烦躁的怒火，我们就安全了吗？

在生活中，谁都难免会遇到烦心事，而女人在外要应对职场中各色人等、繁杂事务，在内要打理家务、处理婆媳关系、教养孩子等等，为工作和家庭琐事感到烦恼也是常事。但是如果因为这些烦恼挥之不去，常年将“烦”挂在嘴边，那么身体亚健康的种子估计已经开始潜伏了。

你看：上班路上拥堵迟到，烦；被老板苛责一顿，烦；夫妻拌嘴吵架，烦；孩子顽皮不服管教，烦……有时可能我们自己也会奇怪，人生中怎么就这么多烦呢？其实家家有本难念的经，我们每个人都做不到远离尘世，不食人间烟火，于是面对的困扰其实也大致相同。

但是每个人的面对态度又不尽相同。动不动便来气的女人，时常会感到腰酸、背痛、浑身疲乏，也许她们认为这只是操劳的必然结果，可实际上却是自己烦恼、忧愁的情绪为亚健康状态悄悄打开了方便之门。

丽雯身为公司经理，自然需要每天准时上班。可偏偏她家离公司很远，这就使得能否按时到达单位成了一个变数。

每当遇到交通拥堵或者下雨的天气，丽雯的心里就会异常烦躁。迟到一次，她这一天的精神状态就会处于低谷。但是即使没迟到，她心里也会觉得烦闷，似乎看什么都不顺心，于是"烦死了"就成了她的口头禅。

丽雯的状态也被同事们看在眼里。他们会时不时地悄悄议论："经理似乎总是心情不好，该不会是提早更年期了吧?""说不准，也可能是得了抑郁症呢？"这些话总不免会传到丽雯的耳朵里，她自己也很苦恼，却又不知如何摆脱这种状态。

为了调整自己，最后她不得不回家休养，可是心里依然割舍不下自己的工作。虽然休息了几天，但她依然觉得身心疲惫，并没有从沉重的日常中走出来。

出现像丽雯这样的情况的女人应该不在少数。很多时候，我们觉得身体不生病就万事大吉了，实际上这些烦恼忧愁的情绪，正在一点点吞噬着健康的根基，而最先表现出来的正是亚健康的状态。为此，我们要避免将这些烦躁不安的情绪压抑在内心。虽然说人生

中谁也不能保证没有忧愁烦心的事情，但是不妨将它们当作暂时的坏天气，也就过去了。

那么，我们如何知道自己是否处于亚健康状态呢？可以通过以下症状来判断：

◎眼睛酸痛、干涩、肿胀，甚至出现视力不佳的情况。

◎嗓子烧灼般疼痛，声音不像以前清脆、悦耳，代之以沙哑的嗓音。

◎常感到头晕，不时会被神经性头痛折磨。

◎感到肩膀、脖子僵硬，像个机器人不敢动。

◎一段时间内食量暴增，喜欢甜食和重口味的食物。

◎记忆力不如从前，有时会怀疑自己是不是已经老了。

◎一点儿小事就会大发雷霆，周围的人都对你小心翼翼，生怕“踩雷”。

◎关节僵硬，活动时有疼痛感。

◎口气不清新，与别人说话的时候对方会有意躲闪。

◎8小时睡眠对你来说还是无济于事，起床之后仍然无精打采，无法摆脱困意。

如果你出现了上述这些症状中的一种或几种，那就要小心了，回想一下自己近期是否被忧愁、烦闷的情绪缠上了，导致身体向你发出了亚健康的警告信号。

当然，不论是否收到预警信号，为了避免亚健康找上你，都应主动调节自己的心理，驱散愁苦、烦闷的情绪。调节方法有以下几种：

1. 乐观

曾经有这样一句话："一个小丑胜过一打的医生。"积极乐观的心态会让你拥有百病不侵的强健体魄。因此，我们应保持良好的心态，合理安排生活起居，培养自己的兴趣爱好，比如登山、书法、游泳、听音乐等等，让自己的业余生活丰富多彩。

2. 宽容

在拥有人生阅历的基础上，更加深刻地了解并领悟人性的丰富与复杂多面，从而学会宽以待人，设身处地地去理解与同情他人，相信一切都是事出有因。

3. 排解

与其独自承受压力，不如寻求外界的支持来加以排解。比如亲人、朋友、同学等，向他们讲出你心底的苦恼、委屈，他们会给你劝解与宽慰，这样远胜过你孤军奋战的彷徨。

4. 宣泄

情感积压得太久，也需要找到一个发泄的出口，或者运动，或者写作，或者找一个空旷无人的地方大喊，这些都有助于压抑的情感得到释放。

5. 转移

或许有些事会让你火冒三丈或者痛不欲生，重要的是这时候不要停留在那一个点上，不妨找一些其他的事情来转移自己的注意力，及时地从坏情绪中摆脱出来。

6. 求医

很多人觉得去寻求心理医生的帮助是一件尴尬的事情，实际上大可不必这样想。如同人身体会患疾病一样，心理上出现不能调适的症状也属正常，在必要的情况下也可以去寻求专业的心理医生帮助。

在最初的时候我们也可以尝试采用以下小诀窍来驱散亚健康的阴霾。

◎每天按摩眼周的穴位5分钟，有明目的效果。

◎每天用温盐水或者维生素C片泡水漱口，有消炎的功效。

◎每天喝杯酸奶，其中的嗜酸乳杆菌是良性菌种，有助于提高人体的抗病毒能力。

◎时常用双手食指或中指按摩太阳穴，按顺时针或逆时针方向打圈，每天按摩5分钟。

◎久坐办公室的白领，每工作1小时要休息5～10分钟，活动一下肩颈。

◎多吃水果，补充体内所需的水分和维生素，而且甜味水果中的糖分能够帮助你缓解压力。

◎为了给大脑补充营养，每天早餐是必不可少的功课，此外能吃一个苹果就更好了。

◎常喝玫瑰花茶，它有解忧的神奇功效，让你忘记一天的烦恼。

◎工作闲暇之余，不妨活动一下手指，这样有助于放松关节，缓解疲劳。

◎多吃素食，尤其是蔬菜、水果、大豆之类，有助于保持体内健康的弱碱性环境。

◎如果失眠、多梦，睡眠质量不高，可以尝试睡前听一些舒缓、优美的音乐，在身心放松的状态下慢慢进入梦乡。

心平气和才是青春常驻之道

大概每个人都羡慕过天山童姥、小龙女等古装剧里的人物，或许还幻想过如何能像她们那样保持青春童颜。仅以小龙女为例，她长期居住在活死人墓里，与外界隔绝，因此与世无争，无由产生嗔怒，这才应当是青春常驻的秘诀吧？其实，倘若我们心平气和，谁说就一定不会出现如此奇迹呢？

永葆青春、容颜不老是每个女人都梦寐以求的，所以很多女人在皮肤护理上不惜下血本，甚至有些明星去打美容针，无非就是希望岁月晚一点儿在自己美丽的脸上留下痕迹。当然，这些都是通过人为的方法，试图延缓容颜的衰老。可是很多女人忽视了一点：假如你保持心平气和，其实胜过各种护肤品；倘若每天都是满心的不痛快，那么任何现代化的手段都只能是治标不治本。

晚饭端上来后，陈妍坐下来准备和女儿一起吃饭，女儿忽然怯生生地问："妈妈，您是又生气了吗？"

陈妍一头雾水："没有啊，你怎么会觉得妈妈生气了呢？"

"没有的话，妈妈的眉头怎么会打了个结呢？"

陈妍下意识地伸手一摸，自己的眉头确实紧锁在一起。

其实不过是刚才做饭时不小心被热油溅到了，陈妍便有点儿心烦，所以不觉就皱起了眉，结果被女儿误以为妈妈不高兴了。

实际上这对于陈妍来说已经是常态了，她一般不喜欢发火，但是从脸上的表情就可以看出她心里压着火。眉头皱得多了，眉间就出现了“川”字纹，这让才32岁的她看起来比同龄人要老一些。

生气给女人带来的不只是皱纹。倘若你是个火爆脾气的人，那么秃顶的可能就很大了，再严重一点儿，你的头顶或许就会变成“富士山”。程度轻微的人，一般是两个额角先出现微秃，乍一看成“M”形。

除了脱发之外，生气也是产生色斑的罪魁祸首。因为生气的时候，血液会大量涌上面部，此时血液中的氧气会减少，毒素会增多，而毒素会刺激毛囊引起炎症，于是皮肤问题就接踵而来了。

生气时皮肤得到氧气的供应少，就会呈现一定程度的紫色，严重的甚至会发黑。同时皮肤得到的营养物质也减少，所以皮肤会干燥、萎缩、失去光泽。

另外，生气还会导致人体分泌过多的皮质内醇，这正是身材发胖的元凶。尤其对腰部影响更大，会使你的腰围变粗。女性朋友，这样一想，你还敢生气吗？

每当生气的时候，不妨照照镜子，相信此时的模样你自己都看不下去。为了让自己更漂亮一些，你也会努力让自己变得心平气和

的，对不对？

晓颖因为一个偶然的机会结识了雪菲，面对着这样一位活泼开朗的女孩，晓颖一直以为她比自己小很多，却没想到雪菲已经33岁，是孩子的妈妈了。但是从雪菲的身上一点儿都看不出年龄的痕迹，相反有着年轻女孩的青春朝气，显得格外轻灵。

时间久了，晓颖明白了，雪菲正因为活到忘记了年龄，才做到了青春常驻。她能够始终保持一种年轻的心态，懂得在生活中寻找乐趣，将自己的生活调剂得丰富多彩，比如看看幽默诙谐的电影。她不会总是感叹青春不再，为自己的年龄而耿耿于怀。她还按照自己的内心生活，做自己想做的事，雪菲就是这样活成了一个小姑娘。心之所在，到处都可以是一片春光。

保持一颗年轻的心，远离伤春悲秋的情绪，不要动辄火冒三丈，这远远胜过你在美容上投入大量的金钱，足以让你成为众人眼中的“天山童姥”。即使你穿梭于人群之中，也很难有人看出你的真实年龄。因为岁月这把杀猪刀，对于每天都拥有好心情的人来说，只能叹一声无可奈何。此时的你，早已超越了时间，超越了年龄，活成了自己最优雅的模样。

想知道如何让自己青春常驻吗？具体方法如下：

◎学习新知：学习一项才艺或者是一门技能，这样可以通过对大脑的训练防止它迅速老化。

◎拓宽交际：拓展自己的朋友圈，积极参与人际交往，从情感的交流互动中获得生命的活力。

◎睡眠充足：保证每天至少8小时的睡眠，它是一些小病最廉价的良方。

◎娱乐健身：不管是看电影、玩游戏，还是去健身房大汗淋漓地锻炼，都会让你找回青春活力。

◎健康饮食：饮食要营养均衡，合理搭配，远离化学添加剂，多吃天然无公害食品，注意饮食卫生。

◎适当减压：通过体育锻炼等方式，释放和排解压力，保持年轻的心态。

别让情绪崩盘引起胃和体形的失控

我们常见的情形就是，一旦女人情绪崩溃，那么接下来很有可能将自己放纵成“大胃王”。然而情绪崩盘总不能连带你的胃和体形一起崩盘吧？那时候我们信誓旦旦说好的减肥呢？我们苗条淑女的形象呢？

女人在心情差到极点的时候，往往会选择疯狂购物，或者是暴饮暴食。疯狂购物的后果不仅是钱包君会减肥，还可能买了一堆并不需要的东西；而暴饮暴食会让你的身材失去控制。于是，不该瘦的瘦了，不该胖的胖了，恶劣的情绪会导致你的胃和身材直接失控，这就有点儿得不偿失了。

那么，为什么坏情绪会引起暴饮暴食呢？

我们人体中有一种叫作多巴胺的物质，它由大脑分泌，可以令人感到愉悦。而每当享受美食或者听美妙音乐的时候，我们的大脑会产生大量的多巴胺。相反，如果我们处于情绪消极的状态，感觉生活乏味无趣，那就说明多巴胺分泌得不足了。

你或许会发现，心情不好的时候，你会吃东西吃到停不下来，这时候就意味着你体内的多巴胺不够用了。而当你吃一种食物吃到上瘾的程度时，你的身体对多巴胺也越来越不敏感，结果就会摄入更多的食物，这样就形成了一个恶性循环，很难跳出来。实质上，由进食带来的快感只能维持1分钟，而接下来却有大量的热量转移到了你的腰部和臀部，这样形成的肥胖需要你用很长时间才能减下来。

想要从源头上解决这个问题，就要掌握增加体内多巴胺的秘诀。

食物是要吃的，但是你要吃对。酪氨酸是人体内合成多巴胺的原料，因此多吃富含酪氨酸的食物，有助于增加多巴胺。这些食物有豆类、肉类、鱼类、低脂奶制品，此外还有杏仁、鳄梨、香蕉、芝麻和南瓜子等等，这些食物都可以帮助你的大脑产生更多的多巴胺，从而让你产生身心愉悦的感觉，坏情绪此时就很难占上风了。

当然，很多肉制品和奶制品属于高热量、高脂肪食物，那么你还要计算好卡路里，控制摄入量哦。

除此之外，我们还要了解一些避免情绪性进食的方法。

1. 分清自己是生理饥饿还是心理饥饿

生理饥饿的特征是逐渐形成，一般胃部伴有“咕咕”响声、胃痛、身体感到疲乏或虚弱不支等表现，而心理饥饿则是毫无预兆、突然降临的。

2. 设法转移自己对食物的注意力

当你的大脑和双手投入另外一件事情并且保持10分钟时，这种进食的强烈欲望就会慢慢淡化。可以给自己开列一个兴趣活动的单子，比如绣十字绣、织毛衣、读书、下棋、画画、健身等等。

3. 经常小口喝水

可能许多人并没有弄清自己究竟是饥饿还是口渴。为了排除脱水的可能，可以在手边放一杯水，时常喝上几口，有助于增加饱腹感。喝红茶也能够降低对食物的渴求。

4. 准备低糖食物

当你必须摄入食物的时候，可以选择类似于燕麦粥、全麦饼干、烤红薯等低热量的食物，它们同样能给你一种饱腹感和满足感，又不会增加身体的负担。

5. 了解不健康的食品成分

想到很多食品中含有的色素、香精、致癌物等，估计你吃的勇气已经减掉大半了。毕竟我们没有必要拿自己的生命健康开玩笑。

6. 让心情平静下来

解决坏情绪，釜底抽薪才是关键。最好是学会自己慢慢地静心，使身心处于放松和放空状态，可以试试冥想、瑜伽、深呼吸等等。如果还不奏效，那就要考虑是否需要寻求心理医生的帮助了。

悦动人生，在运动中释放压力

如今网上流行一句话“睡什么睡，起来嗨”，于是为了配合这句话，各种表情不一而足。不要变成“沙发土豆”，也不要变成“宅二代”，朝有晨风，暮有余晖，陪你一起尽情嗨。

当今快节奏的生活已经让女人无处可逃了，很多人必须面对巨大的压力，坏心情自然乘虚而入。但我们面对压力是继续勉力承担，还是寻找一个合适的出口释放出来呢？答案自然是后者。运动便是很好的减压方式之一。

为什么运动会起到减压的作用呢？

1. 运动会促使人体产生化学反应

人体中有一种激素叫作啡肽，它被称作是“快乐因子”。当你的运动量达到一定程度的时候，身体会产生啡肽效应，使你的神经感到愉悦，也将你的压力和不愉快裹挟而去。同时运动还能刺激人体释放其他激素，而这些激素直接与人的认知和学习有关，会使你觉得自己更加聪明。

2. 运动能够帮助你从疲劳中得到缓解

人一旦压力过大，身体和心灵就会有一种如同负重的疲惫感。

这个时候，你不需要剧烈的运动，只要强度适中的运动就能够帮助你从工作的重压中恢复活力。并且运动过后，你会感到头脑清醒，在一些需要细心严谨的工作中，你也能够保持一定的警觉性，避免错误的发生。

3．运动能够帮助你有效集中注意力

压力过大的时候，疲惫会充满你的整个大脑，包括你的身体也会成为它的领地，并迫使你陷入无止境的思考之中，最终让你在注意力涣散无法集中的状态下筋疲力尽。而运动能够帮助你将注意力集中到积极的事情上，在此过程中，你能够更好地体会应激的状态。

4．运动能使你的思维更富有条理性

当需要在短时间内完成大量工作的时候，你可能会觉得纷乱，无所适从。运动在帮助你将生物钟调整到作息规律状态的同时，也会使你通过制订健身计划来形成有条理的思维方式，合理规划自己的时间，从而减轻自己的压力。

5．运动可以提高你的睡眠质量

当压力过大的时候，人很难进入深度睡眠，甚至会出现失眠的情况，长期下去可能会诱发神经衰弱。适当进行运动，可以帮助你更好地入眠，因为身体的疲惫感传送到大脑，会产生你需要休息的信号，这样也可以逐渐改善你的睡眠质量。

6．运动还可以给你提供更多的社交机会

整日陷于沉重的思考中，大脑就会超负荷地运转，在运动中与人交流，也是一种很好的减压方式。与此同时，它也是一个建立友谊的平台，在这里你可以结识新朋友，并且可以和大家分享你的快乐或苦恼，在朋友们的支持下更好地解决你所面临的问题。

可能很多女人会说："生活已经如此忙碌，哪里还有时间运动呢？"

37岁的小燕如今是一家公司的销售经理，平时要么在外四处跑业务，要么就是对着电脑做数据分析。因为忙于工作，她几乎都忘记了自己大学时体育锻炼的爱好了。

一天，她遇到了好友小静，小静已经是两个孩子的妈妈了，看起来却要比小燕年轻得多，乍一看会以为她30岁都不到。

小燕向她请教保持年轻的秘诀，小静笑了："你现在还去锻炼吗？"

"现在工作这么忙，哪里还有心思锻炼呢？"

小静说："确实，我原先也是这么认为的。可是孩子中考的时候要体育达标，那段时间为了督促孩子，我就陪着她一起锻炼。后来发现整个人的状态比以前要好很多，连老公都觉得我如同换了一个人。其实你也可以试一下，运动一定会让你受益匪浅的。"

国外有一位教授在做了一项研究之后说："我们发现运动有助于排解情绪释放的影响。如果你去做运动，不仅可以减压，还能在面对情绪、情感问题时，帮助自己更好地控制它。"

这里说的运动，不一定非要到健身房里去，其实在生活中，

只要想锻炼身体，就会有很多种方式供你选择，比如爬楼梯、踢毽子、转呼啦圈、跑步等等；也不一定要用太多的时间，上下班的路上、午休时、晚饭后都是可以利用的好时间。

此外，关于运动，我们还有以下一些小建议：

◎早晨八、九点钟的阳光是正好的。

◎如果希望自己腿部的线条更优美，可以去跑步或者骑自行车。

◎运动过后记得用热水泡脚，这样可以避免静脉曲张。

◎如果你的疲倦已经到达临界点，那么建议你还是选择休息。

◎冬天的时候尽量进行室内运动。

◎如果住在10层以下，那么走楼梯是极好的运动。

◎你的健身计划应该每三个月调整一次。

◎不要把运动积压在周末，每天半小时足矣。

◎看电视不妨碍做运动，可以做做柔软体操之类。

◎运动不一定要剧烈，经常散散步大有好处。

◎不要光脚穿运动鞋，虽然舒服，但是对健康十分有害。

◎如果做按摩，记得要去正规的医院，以免出现事故。

◎功能性饮料固然好，但是如果没有进行运动就喝反而会弄巧成拙。

◎运动后一定要洗澡，但需要休息半小时之后再进浴室。

◎如果健身房的环境过于嘈杂，对你来说也是一种污染。

◎健身不一定要去专门的场所，但是一定要注意动作是否标准。

女人怎样更有气质

1. 容貌衣着

女人的气质确实不完全取决于外貌，但是这并不意味着可以不修边幅。你可以适当地打扮自己，但是一定要根据自己的情况，找到最适合自己的风格。毕竟，适合自己的才是最好的。

2. 形体仪态

女人要避免含胸驼背，无论是坐还是站，抑或是行走，都要保持身体的挺拔，这样会凸显出你自信的气质。可以选择每天背靠墙站15分钟，让身体贴在墙面上。晚上睡觉的时候建议用矮枕头，硬板床效果会更佳。

3. 说话聊天

可以多读一些沟通交流方面的书，学习与人交谈时的技巧。当然，读心理学方面的书也是必不可少的。

4. 日常整理

你或许做不到极简生活的“断、舍、离”，但是平时整理自己的物品还是很重要的，如果是一些不想要的东西，那就将它们处理掉。干净整洁的环境，也会让自己很舒心。

5. 阅读看书

阅读对于精神世界的充实，可谓是至关重要。爱读书的女人不会浅薄浮躁，也不会动辄暴跳如雷，因为思想的沉淀自然会生出人生的静气。

6. 舞蹈、瑜伽

舞蹈、瑜伽对于人形体的塑造有着神奇的作用，更重要的是会培养出一种优雅的气质。

7. 听音乐

闲暇时听听音乐，不失为一种美的享受，是一种心灵上的陶冶。当然如果你想学习一种乐器的话那就更好了。在家做家务的时候，让音乐回荡在房间里，也是极富诗意的场景呢。

8. 旅行

身体和心灵，总要有一个在路上。在旅行的过程中，你可以增长见识，开阔视野，让心灵在各地的名山大川中得以丰富。

9. 要有阳光般的心态

爱笑的女人身上自然会散发出阳光般的气息，而时常发怒的女人，她的气质早已被破坏殆尽了。遇事要有积极乐观的心态，优雅的气质绝不会诞生在自毁形象之中。

章首语

旧时的名媛风范，在今天很难说没有哪个女人不会心向往之。不管是歌舞升平还是兵荒马乱，她们都一样保持着自己优雅的风度。就算落魄到被罚扫厕所，每天喝一杯下午茶的习惯也是雷打不动，直到多年后已经满头华发。她们从容镇定，宠辱不惊，是慎怒的信条使她们保持着大家闺秀的良好修养。

第二章

女人慎怒更优雅，怒火中烧损修养

一

何苦用别人的错误来惩罚自己

按理说，本来我们没有必要为别人的错误埋单，可是偏偏很多时候，我们就在做这种事，而且还照单全收。本来这是别人的错误，反倒是我们自己生了一肚子气。这又是何苦呢？

很多时候，我们看到别人的错误，往往会批评指责。其实人无完人，每个人都不可避免会犯错，重要的是犯了错后怎样去对待。我们如果在别人的错误上纠缠不休，实则是拿别人的错误来惩罚自己，这又是何苦呢？

曾经有一位90多岁的老太太，她身板硬朗，心情舒畅，不只家庭幸福，还有一群老友整日在她周围，几乎是“众星捧月”了。

一天，来了一位愁云满面的老妇人，老妇人看见此情此景羡慕不已，于是讨教秘诀：“你是怎么做到生活得如此幸福，并且有这么多朋友的呢？”

老太太笑了：“其实很简单，给自己约法三章就可以了。第一，自己的错误，不要拿来惩罚自己；第二，自己的错误，也不要拿来影响别人的心情；第三，别人的错误，那就更不值得用来惩罚

自己了。只要做到这三条，你的人生离幸福就不远了。”

老妇人看着老太太满脸孩童般的笑容，以及只有千帆过尽后才现出的从容，不由得感慨万千，若有所悟地点了点头。

老太太的话很朴实，道理却是实实在在的。的确，世间如此多的烦恼，都是自设关卡来为难自己。生命中有那么多美好的瞬间，我们又何必将时间虚掷在对别人的错误的不满中呢？因为他人而乱了自己的生活，这本来就不是我们应得的惩罚。

也会你会说，这惩罚又能有多严重？那你可低估了它的破坏性。

美国华盛顿有一家咖啡店的老板，有一天突然一命呜呼。已经排除他杀，但是自杀又没有明显的迹象。经过对事件现场的还原发现，原来杀了他的是他自己的怒火，而起因不过是因为一个厨子。当时他店里的厨子执意用碟子来喝咖啡，惹得他大发雷霆，于是，他抓起手枪就追了出去。不料此时冲动的怒气引起了心脏病发作，最后他死于心力衰竭。

一位老板只因为一个厨子用碟子喝咖啡便生气而死，这也确实让人有些啼笑皆非。可是回想一下，生活中这样拿别人的错误来惩罚自己的人不是比比皆是吗？生气不但影响了自己的心情，甚至可能会直接送命，当我们意识到了它的危害之后，还会动辄生气吗？

有人或许会说：“在单位，同事之间难免有利益纠纷；在家里，丈夫孩子可能还不让我省心。你说，我能不生气吗？”

其实，气本来不存在，往往是我们自寻烦恼，那何不如同泼水在地一样去除心中愤懑，那一刻你会发现其实自己的怒气本来也没什么名堂，不过是庸人自扰罢了。

话是如此说，但在遇到令自己生气的人和事的时候，怎么做能够不生气呢？

1. 自问这气该不该生

其实，在生活中大多数情况都是我们不该生的气，多半是别人无意中令你不快而已。比如，地铁上别人不留神踩了你一脚，服务生不小心弄脏了你的衣服，这些都属于无心之失，不必为此而斤斤计较。

2. 尽快平息怒气

生气不要超过3分钟，因此我们要学会尽快平息怒气。那么，如何做到呢？

转移场地。离开令你生气的人以及现场，找个清静的地方，眼不见为净。

释放宣泄。寻找自己信赖的人，向他们倾诉自己内心的愤懑，请他们来疏导、调节你的情绪，这样可以更快地消气。

转移注意力。把自己的注意力从生气的事情转移到其他的事情上去，比如出去散心，听听优美的音乐，写写书法，当你不再去想它的时候，气自然也就消了。

一笑一低头，保持如兰的优雅

常言说“冤家宜解不宜结”，彼此留下一个心结，无异于作茧自缚。倒不如见面微微一笑，放下曾经的怨恨。在那一低头之间，你的谦和与大度，便会感动对方固执的心。它不会有损你的尊严，却会为你的修行增添动人的光彩。

有这样两个人，他们毕业于同一所戏剧院校，都是才华横溢，毕业后又一同进入了演艺圈。他们在学生时代就是要好的朋友，只不过都是个性好强的人，所以彼此都在暗中较量。

两个人的专业不同，毕业后一个做了导演，另一个做了演员，各自都打拼出一片小天地。机缘巧合，有一部电影需要他们合作，本以为老同学合作应该很轻松，所以两个人都一口应允。

但是导演对演员向来严格，对自己的老同学也是毫不客气；而演员又颇有个性，总是有自己的想法，所以在拍戏过程中两个人争吵不断。

有一天，卡在几个镜头上，始终进行不下去，导演自然颇为不满，一气之下说：“我真是从来没见过这么差的演员！”老同学愣怔半晌，转身进了休息室，谁都劝不动他出来拍戏。

大家劝导演不能闹得这么僵，导演也自知理亏，然而心里总有些不自在。他去向老同学道歉：“你知道，我生气的时候，往往口不择言。不过事后再想想……”说到这里看见老同学高昂着头的样子，后半截话又吞回去了，结果等了一会儿蹦出来一句：“我还是觉得你这个演员太差劲！”

于是可想而知，俩人不欢而散，从此绝交。

两个人步入暮年，演员身患重病，弥留之际，提出想见导演一面。就在老同学的床边，导演泪流满面地说了一句：“说实话，你是我这辈子见过的最优秀的演员！”演员凝视着老同学，脸上露出一丝笑容，欣慰地闭上了眼睛。俩人的恩怨终于涣然冰释，不过这一切已为时太晚。

其实，只要当初导演不因情绪改了后半句话，也许他们之间也不会走到成为陌路的地步。只要有一句道歉的话，老同学的情谊恐怕也不至于破裂如此之久。然而令人感到安慰的是，他们俩终究在最后“一笑泯恩仇”，渡尽劫波，兄弟犹在，不然或许就会成为永久的遗憾了。

一个战争的年月，一支部队在林中与敌军狭路相逢，一场恶战下来，两个战士与部队失散了，他们俩一同参军，是要好的朋友。俩人一起在森林里摸索出路，可是十多天后，依然没有找到部队，而这里可以猎杀的动物也越来越少，他们面临着死亡的威胁。

他们打到一头鹿，靠着鹿肉支撑着两个已经逐渐衰弱的生命，剩下的一点儿鹿肉，背在其中一人的身上，这是他们最后的希望。

一天，他们不幸遭遇敌军，激战之后甩脱敌人，那位背鹿肉的战士却中了一枪，好在只伤到了肩膀。他的同伴脸色苍白地跑过来，抱住战友失声痛哭，撕下自己的衣服给他包扎伤口。

那个夜晚，受伤的战士已经没有一丝力气，而他的同伴一直在喃喃地念着自己的母亲，谁也没有动那块鹿肉。幸运的是，当太阳升起的时候，部队找到了他们，两个人都获救了。

30年后，受伤的战士讲出了真相。他知道那天开枪的人是谁——就是自己的同伴。因为当同伴跑过来抱住他的时候，枪筒尚有余温。他明白同伴想要独吞他身上的鹿肉活下去，他也知道同伴那是为了要照顾年迈的母亲，那一刻他就已经原谅了同伴，只是对这件事一直装作茫然不知罢了。遗憾的是，同伴的母亲终究没有活着看到儿子的归来。他和同伴一起祭奠母亲，同伴跪在他面前，请求他原谅，其实他从来就没有恨过他。此后多年，他们依然是好朋友。

在怒气爆发的一刹那，淡淡的一笑，足以化干戈为玉帛，也不要担心一次低头会降低自己的身份，相反它会为你赢得他人更多的尊敬。因为就是在这一笑一低头之间，见出你的修养。唯有修养可以让女人穿过岁月的沧桑，而依旧保持如兰的优雅。

唇枪舌剑中没有赢家

自古道："胜败乃兵家常事。"可是在言语之争这件事上根本不适用，因为本来就不存在成立的可能。无论谁胜谁负，其实最终都只会在这场辩论中输得一败涂地，因为已经输掉了你与对方的友谊。

大家聚在一起聊天，因为一些小事而引发争论是再正常不过的事了。但是有时候也难免争得脸红脖子粗，非要分出个高下对错来，这时候就索然无味了。有的女人或许一时气盛，非要推翻对方的观点，证明自己才是正确的，其实，即使你赢得了这场唇枪舌剑的辩论，也输掉了周围人的友谊。

小慧去参加朋友的婚礼，席间有一个年轻人谈到新郎新娘是"青梅竹马"，为了表示自己博学，他还念出了这句诗："郎骑竹马来，绕床弄青梅。"不过他把作者记错了，应当是李白，却变成了李清照。

小慧自恃中文系毕业，当众毫不客气地指出了那个年轻人的错误，但是那个年轻人一直坚持自己的观点，结果两个人争得不可

开交。小慧看见自己的老师在邻桌，就拉着年轻人过去找老师评评理，年轻人也毫不示弱："评就评，谁怕谁？"

结果老师对小慧说："你错了，这位先生说得对。"

小慧当时觉得很下不来台。婚礼结束后，她去找老师，老师一见面就对她说："你说得对，那是李白的《长干行》。"

小慧被弄得一头雾水："那您刚才为什么那样回答呢？"

老师心平气和地说："你说的都是对的。可是既然都是客人，为什么要让人在公众场合难堪呢？再说他的对错无伤大雅，与你无关，你和他争论，又有什么益处呢？如果争论时你自己学不到东西，那就是无谓的争论。"

没错，无谓的争论，只能使别人对你更反感。因为你只是想证明自己是对的，一心想赢得别人的信服，这样的争辩，即使赢了也没有什么技术含量，却徒然伤害了彼此的和气。倘若通过争论，能够使自己受到启发和教育，那么即使自己输了，也是大有裨益的，因为在被说服的过程中，你明白了更多的道理。而假若只是为了自己的虚荣心或者面子的话，倒不如就此叫停，因为这样不只维护不了你的面子，而且也损害了你在别人心中的形象。

毕竟，一心想着说服对方的人，并没有为对方的自尊而考虑，只想表达自己的观点，这样的人是不受欢迎的。每个人的自尊受到侵犯时，都会产生本能的抗拒，即便你高扬着道理的大旗，同样不可能指望对方望风披靡，弃甲臣服。

倘若别人挑起敌意的争论，那么你也要尽量避免置身其中，不要恋战，因为在这种非理性的争论中，你的情绪也会受到影响。卷入恶性的论战，对你自己百害而无一益。实际上自从开始的那一刻，你就已经输了。

林肯手下曾经有一位年轻的军官，他性情格外暴躁，喜欢争强好胜，总是因为一件事而和别人争得不可开交。正因如此，他和将士们吵得面红耳赤亦是家常便饭。

林肯严厉地处分了他，事后语重心长地告诫他道："能成大事的人，根本不会消耗大量时间在和别人无谓的争论上。这不仅损害自己的性情，还会使你的自制力越来越差，因为那样你离崩溃就会越来越近。学会对别人大度一点儿、谦让一点儿对你没有坏处。好比和一条狗同行，你不妨让狗先行一步，如果你因为抢先被狗咬了，之后再把狗打死，也不可能让你的伤口迅速愈合。那又何苦呢？"

林肯的这番话很富于智慧。的确，在社会交往中，每个人因为成长环境、受教育程度、身份地位等不同，很难做到一拍即合。当观点出现差异的时候，争论自然难以避免，但往往会伤害彼此的感情。那么，如何避免无谓的争论呢？

1. 让人有机会把话说完

与人交谈的过程中，切忌一个人"独角戏"唱得特别起劲，

对方却没有说话的机会。就算对方的观点与我们相反，也要让对方把话说完，否则就会造成许多不必要的误会与隔阂。对方是想先扬后抑或者先抑后扬都有可能，因此听人说话不要只听一半就急着反驳，那样你就会错过对方想表达的完整意思。

2. 适时地保持沉默

当与别人意见不一致的时候，我们不妨先冷静下来想一想争论是否有意义。如果争论根本就可有可无，那么我们可以保持沉默，把说话的机会留给对方，这样避免伤害感情。而如果对方是抱有偏见或者一无所知，那么我们开口之前也要仔细斟酌，避免不恰当的言辞在对方心中留下不好的印象。

3. 切记对事不对人

有时候我们本来在为一件事争吵，可是吵着吵着就偏移了重心，转而变成了人身攻击，这种情形就很糟糕了。每个人都有自尊心，不容许别人轻易去否定自己，一旦这种自尊被人侵犯，争吵就会迅速升级。因此，我们一定要注意争论的时候不要偷换话题，围绕事件本身去争论即可。

4. “战场”抽身是上策

有时争论无法避免，那么一定要尽快从争论的状态中抽离出来。假如是你获胜，那么不要计较对方争论时的态度，要表现出自己的风度。争论中是对手，争论后依然是朋友，这样也有利于缓和气氛。即使是对方获胜，也不要计较争论的结果，而应该想想对方的道理和自己的收获，不要因为输赢而耿耿于怀。

一

当怒火一触即发，不妨抽身而退

如果导火索一触即燃，那么千万不要恋战，否则冲动会操控你的大脑，让你做出丧失理智的事情，后果不可估量。

很多时候，我们与人发生矛盾，是从一些看似琐碎的小事开始的。这时候我们要谨防冲动的魔鬼占据自己的心灵，以免引发无法想象的后果。

有一天下午，一位家庭主妇竟然将手里拿着的热水壶一股脑泼到了小侄女的身上，导致小女孩全身严重烫伤。究其原因，是小女孩在上学走的时候，关门时不小心弄出了太大的声音。事后主妇也很后悔，她说当时不知怎么，一股心头怒火冲上来，怎么也没压下去，自己也没有想到会这么冲动。

的确，当冲动冲昏了头脑的时候，人会丧失理性，一旦情绪完全失控，就会做出伤害他人的事情，事后清醒已经悔之晚矣。

因此，在怒火马上到达它的燃点的时候，不要放弃你心中尚存的一点儿理智。也许你会问："到了那个时候，我该怎样避免冲动

呢？”对此，你可以参考以下几点。

1. 当你意识到自己到达冲动的临界点时，迅速进行自我克制

当别人对你说出极为刺耳的话时，迅速对自己进行心理暗示：“何必跟这种人一般见识”“他说他的又能把我怎么样”等，如此几次之后，冲动就会慢慢消退。

2. 调动理智调控自己，迫使自己冷静

如果遇到强烈的外界刺激，此时心理暗示可能会显得无能为力了，那么这就要调动你的理智帮助你对抗冲动的情绪。强迫自己先冷静下来，认真理清事情的前因后果、来龙去脉，避免自己草率行事。

3. 将自己的注意力转移到其他事情上

尝试将自己的注意力转移到其他的事情上，比如弹琴、书法、看电影等等，只要不去想刚才的事情，慢慢地，你的情绪就会平复下来。

4. 平时也要有意识地培养自己的心理耐受力

培养自己的耐性，提高自己心理上的耐受力，也需要你平日里下功夫。可以在平时的生活中找一些需要你耐心和细心的事情来做，比如练书法、绣花、篆刻之类，这样慢慢可以养成内心的静气，也能丰富自己的业余生活。

一

有选择地健忘，清清心灵回收站

相传一碗孟婆汤可以让人忘却前尘，也许有人甘愿跳入忘川河水等上千年也不肯抹去前世的记忆，但是生活中适当地来两口“孟婆汤”却也无妨。心灵的磁盘渐满，扫除一些垃圾，清理你的“回收站”，也未尝不是好事。

我们都知道电脑有回收站，里面是我们删除的各种文件，那么我们是否也可以有选择地删除回忆呢？虽然健忘被认为是渐渐走向衰老的标志之一，但是我们不妨有选择地“健忘”，时常清理自己心灵的回收站。对于那些令我们痛苦、愤怒、烦闷的记忆，有意识地忘却它；而对于那些美好、幸福的记忆，时时回想，心灵的愉悦自然会成为一种常态。

有位大师，他的一个弟子每天都愁眉不展地抱怨，于是他让弟子取了一些盐，放进一杯水里。弟子喝了一口就吐了出来，抱怨“咸死了”。

大师让弟子带着盐一起去湖边，将盐撒在湖水中，然后让弟子再喝一口湖水。“什么感觉？”“清冽甘甜。”“湖水咸吗？”“一点儿

都不咸。”

大师看着弟子，语重心长地说：“其实人生中的痛苦与悲伤就像这些盐，它们使你痛苦的程度其实在于你的心量有多大。如果心量足够大的话，它们入水后便消融得无影无踪，在你的记忆中渺小得几乎很难找到，那么它们还会影响到你的心境吗？”弟子点头，若有所悟，从此不再抱怨。

如果总是沉浸在过往不快记忆的阴影中，那我们又该如何迎向未来的阳光呢？你的眼帘始终低垂看着昨日的烦忧，那么当下的快乐又如何能照至你的眼前？在心灵的回收站里，总有一些垃圾占据了太多空间，那么何不清空，为自己腾出更多的心量，这样痛苦的感觉便会微乎其微，如同一撮盐之于一湖水。

鲁迅先生的《祝福》可谓是家喻户晓，其中的祥林嫂，她唯一的儿子阿毛被狼叼去了后，总是向人讲述她的丧子之痛，那天的细节，在她的记忆中犹如刀刻般清晰，令她念念不忘。她每一次诉说都在将心底的伤疤揭开来，看它汩汩流血，也正因如此，她在痛苦的旋涡里挣扎，而内心的创伤，永无痊愈之日。

“弃我去者，昨日之日不可留。”既然如此，那我们何不对过往的痛苦挥手说声再见，不再让它们萦绕在我们的心际，如此拿得起、放得下，才可以开创远胜于昨天的明天。如果为夕阳流泪，或许你就会错过满天灿烂的群星。既然过去覆水难收，那么何不让它化作逝水，不为河岸而停留？

一次，羽西化妆品公司的副总裁、世界著名电视节目主持人靳羽西，正在后台为准备参加演出而化妆的时候，收到了丈夫抛弃她与别人在一起的消息，她只是淡淡一笑，化妆如常。妆容依然精致，笑容依旧灿烂。她和观众的互动一如平日，即使下了舞台，她也没有失声痛哭。虽有婚变，但是她的事业与生活依然保有属于自己的辉煌。

智慧优雅的女人，当如是。因为一些事情都会随风，又何必用悲伤做徒劳的挽留？当那个人转身离去，只需要安静地说一句“慢走，帮我把门关上”。

忘却可以疗愈痛苦，让人继续投入到生活中去。其实，给人带来痛苦的东西，本来就应该遗忘，这样你才会轻装上路。让自己学会遗忘，也为别人抹去沉重的记忆。

一个16岁的女孩身患白血病，弥留之际在日记的最后一页给父母留下了一段话：“爸爸妈妈，我走了，你们千万不要为我伤心流泪。忘记我的离开，我会永远活着，我是太阳的女儿，请在我离开的时候给我一个太阳的微笑，我将和太阳一样得到永生。”母亲含泪给了女儿一个微笑，女孩也含笑闭上了眼睛。

她要父母忘却她的离开带来的痛苦，正是希望父母日后的生活中不会有阴云常常笼罩，生命的最后一刻，她用遗忘来为阳光

开路。

不要觉得健忘不是什么好事，如果是将不快的记忆过滤在生命的胶片之外，那又有何不可呢？那是身心的如释重负，是另一种形式的追忆，也是对人生的升华。正是通过遗忘，生命才得以跳出狭小的格局，放眼更辽远的海阔天空。

那么，如何清除心灵回收站里的垃圾呢？

◎找个时间把自己的心灵回收站检视一遍，可以写下来之后彻底销毁，也可以选一个没人的地方讲出来。

◎选一个安静的地方，闭上眼幻想是在一个风景如画的旅游胜地，然后重现问题场景，以游客身份扮演的自己去安慰另一个自己。

◎每天给自己许一个小小的美好愿望，让它来占据你的心灵空间，坏心情就很难入侵了。

通则不痛，学会疏导坏情绪

当年大禹的父亲治水，一个字：堵。治水不成是治罪。风水轮流转，到了大禹治水的时候，一个字：导。从此洪水渐息，黎民安居乐业。怒气也是如此，如果不会疏导，岂不变成了高悬在地上的黄河，一旦决口，肆虐千里，后果不堪设想。

每个人的心灵路口都会或多或少地发生拥堵的情况，有时纷乱糟糕的情绪会堵塞在这里，令你心烦意乱、暴躁不安，这时我们就需要学会疏导自己的情绪，否则久而久之，心灵的小船也会说翻就翻。

《三国演义》里的张飞没有死在战场上，却死在了自己的坏情绪上。听到关羽的死讯，他悲愤难当，趁醉鞭打手下，为了给兄弟报仇，要他们日夜赶工打造兵器。到最后逼得部下忍无可忍，借他醉酒之机，将他刺杀于营中。可惜一位猛士，最终却落得如此下场。这能怪谁呢？怪他没有管理好自己的坏情绪，怪他没有为坏情绪找一个适当的出口。

不能及时疏导自己的坏情绪，后果严重的就会像张飞这样白白搭上了自己的性命。就像治理洪水不可能一味堵塞，也要适当地疏导河水，注意泄洪，否则一旦决口，便是一片汪洋。情绪的“洪水”也是如此，我们要学会自己来排解、疏导内心的苦闷、烦恼，不要等到酿成恶果的时候后悔莫及。

我们常说性格倔强的人是驴脾气，这源于驴子特有的个性：一旦你让它不顺心了，它的四蹄就会立地生根一般，无论你怎么鞭打它，它都会一动不动，就是不肯往前走。

一天，一位禅师及其弟子就碰上了一头倔驴。弟子和驴子对峙一会儿就急了，拿起鞭子就要抽，禅师连忙阻止：“慢！驴子闹脾气的时候，你越打它情况只会越严重。”

“那师父您说应该怎么办？”

“这就得看你的智慧了。”说着禅师往驴子的嘴巴里塞了一把土。“驴子很快会把嘴里的泥土吐掉，然后你再驱赶它，它就会乖乖地朝前走。”

弟子惊奇地问：“这是什么道理呢？”

禅师微微一笑，说：“很简单。驴子忙着把嘴里的泥沙吐出来，就会忘了自己当时为什么生气。这种办法不过是转移它的注意力罢了。”

弟子听完连连称妙。

当然，驴子需要他人来帮忙管理情绪，这难免处在被动的状态。而我们如果能够意识到并及时疏导自己的情绪，那么相当于赢得了主动权。

但是疏导情绪也是要讲究方法的，独自生闷气肯定有害，倒苦水也不是倒得越多越好，否则听者也会越来越烦。不妨按照下面几个方法去尝试。

◎可以先自言自语，把思路理清，避免把别人当成出气筒。如果急于倾诉，头脑还处在热度之中，没有冷静下来，就会越说越气，越气越糟。

◎向值得信赖的人倾诉。当然这个过程可以帮你重新审视事情的经过，对事情有一个新的理解与认知，或许到最后你会发现事情应该换一个角度来看。

◎高歌一曲释放情绪。高声歌唱，对于缓解紧张、激动的情绪是很有作用的，这和跑到树林里去大喊大叫是一样的原理。

◎痛哭一场也是对情绪的一种宣泄。从医学角度来讲，短时间内的痛哭流涕能够最好地释放积压在心里的不良情绪。但是也不要遇事就哭，那样反而会使不良情绪更加严重。

◎可以选择以静制动的方式，比如摆弄盆栽、静听鸟鸣、挥毫作画、河边垂钓等，这些都是以宁静优雅的方式来平息心中怒气、摆脱压抑的好方法。

不过尝试这些方法有一个前提，那就是要意识到自己正在产生坏情绪。而且意识到之后，不要第一时间把责任推给别人，而是要

先牢视自己的内心。

第一，发现自己情绪不佳的时候，首先回顾自己有没有问题，而不要把精力集中在导火索上。

第二，看看自己此时有什么肢体的动作，将注意力转移到身体上，可以避免自己陷入激烈的情绪中不能自拔。

第三，内观自己的思想，看看自己都想了些什么，用旁观者的眼光去看待它，不要有任何的表态。

第四，观察自己此时的情绪，以及它在身体上表现出来的各种不适，比如是否有胃部不适、心脏紧绷、身体颤抖等表现。努力去调节自己的心态，让这些表征自然消除。

发泄时谨防殃及无辜

发泄怒火确实要有通道，但是可不要没找准通道，反而找到了“撒气筒”，那样对方可就要叫苦连天、大呼冤枉了。毕竟好好的被人痛骂一顿，谁心里多少都会有点儿芥蒂吧？

有道是“城门失火，殃及池鱼”，我们在烦恼发怒的时候，如果没有找对出口，任凭怒气一泻千里，这时往往就会殃及无辜。可能是丈夫、孩子，也可能是自己的朋友、闺蜜，总之他们是一头雾水地接受了你的一顿“狂轰滥炸”，这样虽然是发泄了情绪，但是他们的心理也受到了伤害，这就有点儿得不偿失了。

把自己的压力、痛苦转移到亲近的人身上，不能说没有作用，但是如果让最关心自己的家人、好友等无缘无故地来承担你的坏情绪，这无疑是很不公平的。

你迁怒于他人的时候，也许他人并没放在心上，但久而久之，积怨也会造成隔阂，双方从此形成心结，对于彼此的关系来说，无异于一剂毒药。

在美国有一对夫妇，他们的女儿暑假时想要和同学一起出去

兜风再回来，所以就打算跟同学租车从东岸开到西岸，然后在西岸再搭飞机回东岸。母亲反对她这样做，认为太危险。但是父亲鼓励孩子去做自己喜欢的事，就用自己多年来积攒下来的飞机里程给女儿换了一张回程票。然而天有不测风云，女儿和同学在开夜车的时候，因为疲惫打起了瞌睡，结果车子失控滑进对面车道，迎面撞上了对面的一辆车，女儿在这场车祸中丧生。

事故发生后，父母赶到停尸间，见到女儿的遗体，父亲泪流满面地亲吻她，而母亲悲痛过度，已经连站起来的力气都没有了。但是她将这场意外事故的后果迁怒于丈夫，认为是丈夫直接导致了女儿的死亡。她说因为女儿的离去，她一辈子都不会再原谅他了。后来夫妇二人离婚。本来已经失去了女儿，迁怒又让夫妻二人的感情破裂，使她继而失去了丈夫，其实最终伤害的仍然是她自己。

上面这对夫妇的例子可谓是给我们敲响了警钟，无论如何，在坏情绪面前我们都要努力克制自己，不伤害自己身边的亲人，否则他们也会离你而去。

所以选择宣泄方式的时候，我们也要考虑到他人的感受。聪明的女人，可以冷静地调整自己的状态，让坏情绪化解于无形之中。而缺少智慧的女人则往往会选择冲动地将别人当作撒气筒，冲着别人大发雷霆。实际上这样做是将自己的坏情绪传染给了其他人，别人也会因为你的心情不好而陷入苦恼之中。

当然，我们不能像金庸笔下的黄药师那样，因为丢了《九阴真经》迁怒于自己的门下弟子，将他们挑断了手筋和脚筋逐出桃花岛，那样对自己一点儿好处没有，因为即使如此，也无济于找到《九阴真经》。倒是不如学学当年的德国国王威廉一世——

著名的德国首相俾斯麦是威廉一世的好搭档，正因为他们俩，德国当时可谓是盛极一时。

但是没人知道，威廉一世每次回到后宫，总会气得抓起茶杯就砸，不管是不是珍贵的宝物。

皇后就问："是不是俾斯麦又给你气受了？"

威廉一世说："你猜对了。"

皇后不解地说："那你为什么老要受他的气呢？"

威廉一世说："这你就不明白了吧。你想他是一人之下万人之上，下面那些人的气，他都得受着，他不冲我出冲谁出呢？我又往哪里出气呢？只好出在这些茶杯身上啦！"

你看，威廉一世也生气，但是他从来不往别人身上撒气，至少不会拿自己的臣民撒气，顶多就是他的茶杯要跟着受委屈了。

如何应对愤怒情绪

女人的怒气有很多种，正因如此，“对症下药”才显得越发重要。

1. 心里很生气却极力压抑

解决方法：生气是正常的现象，何必要刻意去压抑它。你可以向信任的人倾诉，或者将烦恼向日记本倾诉，这些都是不错的办法。

2. “我自己才是对的”

解决方法：其实，这个世界上没有谁可以十全十美，始终正确，无论对自己还是他人，都不要过于挑剔。

3. 误解别人的意思

解决方法：看看你每天花在揣测别人身上的时间占有多大的比例。如果你不开口，如何知道别人内心的想法？同样别人也不会成为你肚子里的蛔虫。

4. 将别人作为迁怒的对象

解决方法：先要弄清楚你究竟是在生谁的气。如果你觉得自己无力面对愤怒的源头，可以请求他人的帮助，但是也不能将别人当成“撒气筒”。

章首语

乐天知命的女人总比怨天尤人的女人得到上天更多的垂青，开启大脑的回路，接受既成的事实，责备他人一千句不如反省自己一句。反求诸己总是比要他人和上天埋单有效得多，何况作为成年人，自己负不起责任却要他人来承担，也并非多光彩的一件事。

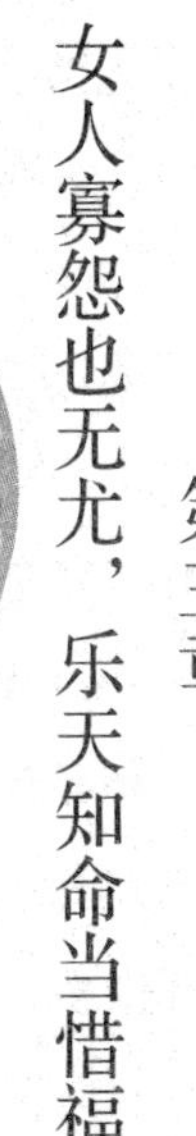

第三章 女人寡怨也无尤，乐天知命当惜福

思维转弯处，另一扇门为你开启

还记得《死亡诗社》中基廷老师让学生们站到桌子上来，体会换一个视角看问题吗？春秋时齐国王后见无人能破解秦国送来挑战的玉连环，索性将玉连环打破，解了难题，堪称女杰。只要思维转一个弯，何等难题不会迎刃而解？

魏晋时候的名士阮籍，时常饮酒买醉，然后就驾起马车漫无方向地走，往往是走到前面没有路了，再痛哭而返，于是有了个成语叫作“穷途之哭”。

不过我们倒大可不必学他这种思维方式，也许前面没有路了，但是何不转个弯呢？然后你会发现，峰回路转，柳暗花明，上天已然悄悄为你打开另一扇门。跳出思维的定式，生活反而会快乐很多。

古希腊先哲苏格拉底前后换过三个住所。

苏格拉底还在单身的时候，和朋友们挤在一间七八平方米的小屋里，虽然空间狭小，但他的脸上每天都洋溢着笑容。有人不解地问：“这么挤的屋子，你怎么还这么高兴呢？”

苏格拉底笑道："这正好方便朋友们一起交流思想、讨论心得，不是吗？"

等到若干年之后，朋友们陆续成家搬出小屋，只剩他一个人了。可他还是乐呵呵的。

那个人又问了："一个人这么冷清，有什么可高兴的呢？"

苏格拉底还是笑着说："我屋里有这么多书做伴，可以时刻向这些'老师'请教啊！"

等到苏格拉底自己也成家了，他搬进一座大楼的一层。其实一层的环境最差，因为上面的住户总是往下倒垃圾、泼脏水。

那个人又问了："这么脏乱差的环境，也感到高兴吗？"

"你看，回来不用爬楼梯，搬东西又省力，朋友来方便，再者，外面的空地正好可以给我养花、种菜，这不是好处多多吗？"

不过住了一年，苏格拉底就搬到顶层七楼去了。他把房子让给了一位家里有瘫痪老人的朋友。

那个人开始打趣："这回住在七楼应该也是好处多多吧？"

苏格拉底大笑："嗯，你说对了！每天上下楼有利于我锻炼身体；光线充足，读书写字不伤视力；还有啊，头上没人，无论白天黑夜都很安静，正好适合我做学问呢！"

那个人有一次遇到苏格拉底的弟子柏拉图，就说："你的老师每天都是很开心的样子，但是他生活的环境并不好啊！"

柏拉图摇摇头："环境并不能决定一个人的心情，相反，重要的是他的心境。"

其实，苏格拉底不过是换了一个角度看待他的生活环境，所以不论住在什么样的地方，他都能知足常乐。

人生中总会有你以为的“山重水复疑无路”，但是否能豁然开朗，看到“又一村”，那就要看你是不是善于将思维转个弯，否则很可能就是“一条胡同跑到黑”。

小娜和好朋友一起逛街，从商店出来之后才发现营业员找给的零钱有一张假币。小娜很生气，返身回去和营业员理论，可是对方拒不认账，不但钱没换成，还因为争执生了一肚子气。

小娜回家躺在床上想了想，倒是冷静下来了。其实，当时也怪自己没有认真检查，再说自己态度确实不好，如果好好商量可能是另外一种结果。况且如果自己是店员，顾客走了又拿着假币回来找，自己也会很委屈，万一是顾客陷害呢？如此一想，小娜顿觉释怀。

有位诗人说：“我失去了一只臂膀，就睁开了一只眼睛。”尝试换一个角度去思考，那时你将会跳出井口，极目海阔天空。

更重要的是，人生本来有无尽的美好，又何必让一时的不快遮蔽了你的双眼呢？

有个女孩去爬山，当她终于到达山顶的时候，顿时被美丽的风光所陶醉。她忙着拍照，下山后才发现错过了自己要坐的班车，到

小旅馆至少还有5公里的路程，怎么也要走一个小时。而她一天下来已经筋疲力尽，怎么走回去呢?

她在路边坐下来，心里很是懊恼。

一位老人收摊路过：“姑娘，这么晚还不回去，你是在等人吗？”

她生气地说：“没车了怎么回去呢？”

“没车了，就走回去。生气也不能把你送回去啊。”

“太累了走不动，我是生自己的气。”

“姑娘，你说你上山是干什么来了？”

“旅游、观光、放松心情啊。”

“这不就是了。既然如此，怎么游不是游呢？再说，既然是为了放松心情，又何必为了这点儿事跟自己过不去呢？”

女孩点点头，若有所悟。那个夜晚当她走回旅馆的时候，反而比预计的还要早20分钟。当她躺下看窗外投进来的点点月色，内心充满了从未体会到的安宁。

也许你会问：“面对工作中的难题，这也同样适用吗？”别急，来看下面这个故事。

康妮小姐在一次车祸中被卷入车下，导致截去四肢。詹妮芙小姐调查后发现这家公司近年来的车祸都是出在汽车制动系统的问题上。因此她要求这家公司向康妮小姐赔偿200万美元，否则提起上诉。

公司负责人的回答是他要去伦敦，一周后回来再进行协商。

一周过去，负责人没有如期出现，詹妮芙小姐看了一下日历，大呼上当，原来诉讼时效已经到期了。

从准备案卷到提交法院，即使是以最快的速度也来不及了。

詹妮芙小姐灵机一动，可以将起诉地点往西移！隔一个时区差一个小时，这样诉讼时效就不会过期了。

最终她决定在夏威夷起诉，夏威夷与纽约整整差了5个小时，这样就为起诉赢得了时间。最终，詹妮芙小姐胜诉，汽车公司赔偿了康妮小姐200万美元的损失费。

因此，女性朋友们要切记，山不转水转，另一扇门会时刻为你开启，只看你有没有平和的心态去找到它。

如果木已成舟，就既来之则安之

如果事实已经无法改变，那就不妨直面并接受它。毕竟，真的猛士“敢于直面惨淡的人生”嘛！没有这种精神，苏东坡又怎么可能在遭受冤案以及被贬之后，还能够“何妨吟啸且徐行”呢？

生活中总会有各种各样的变数，在流逝的苦乐年华中，我们一点点地品尝悲喜交集的滋味。然而无论是幸运还是磨难，我们都需要坦然地去迎接它们。打开心门，放它们款款走进你，那时，你会发现自己是一个心灵的强者。

很多事情我们不愿接受，却又无法改变。年华易老，病痛来袭，亲友的离去……我们不愿看到，却也无法避免。荷兰阿姆斯特丹有一座荒废了的古老寺院，废墟中有一块石碑，碑上刻有一句箴言：“既已成为现实，只能如此，别无他择！”倘若我们不肯接受，一味逃避，那么最终我们的精神世界会濒临坍塌。既然覆水难收，木已成舟，我们又何妨睁开双眼去直面现实的真相呢？

一个少有人至的小镇上，有一座古老的寺院，据说院里有一眼水井，井水能够医治各种疑难杂症。这天来了一位少了一条腿的残

疾人，他拄着拐杖，一瘸一拐地来到寺院。小镇的居民问他：“可怜人，你是来求方丈施舍井水来帮你恢复那条残腿的吧？”

残疾人回过头来说：“不，我是来祈求他告诉我失去一条腿后应该如何生活。”

确实，已经失去的东西，我们即使再懊悔也无法挽回，重要的是像这位残疾人说的那样，知道后面的路应该怎么走。

智慧的女人面对现实的不幸并不会大惊小怪，因为她们知道生本多艰的含义，从而不会对命运抱有过多的希求，更不会只是停留在对生活的抱怨上，因为知道自己接下来的路还需要积极去寻求改变现实的方法。

有一位老妇人去医院看病不幸查出了患有严重的肾炎，但她并没有被这个诊断吓到从而失去了对生活的信心，更不是每天守着一堆药瓶子来打发残年。相反，她说：“我一定要好好地活下去。”好心情足以击退病魔，她开始寻找生命中的各种乐趣，报了一个老年舞蹈团，每天到公园里跳舞、排练，跟着舞蹈团参加各种大小演出。一场舞跳下来，出了一身汗，全身都轻松了。跳舞会加快血液循环，促进新陈代谢，可以起到很好的保健作用。一年之后，她到医院复查，大夫惊呼“奇迹”，她的肾炎居然好了。

当阴霾降临在你的头上时，不要流泪，因为泪水会模糊了你的

视线，让你错过下一秒的灿烂阳光。既来之，则安之，我们所说的接受不是逆来顺受，而是坦然面对人生诸般的困境。不肯接受现实的情绪，其实映射出你面对人生的无能为力。如果希望自己成为人生的主宰，那么就从这一刻开始，无论是和风丽日、碧空如洗，还是狂风大作、尘沙漫天，都一样平心静气地接受，因为只要此心从容，心安之处便是你栖息的港湾。有这份勇气陪伴，就不必张皇失措，你在风雨之中穿行，也会安然无恙。

只要做好自己，生命总有精彩

每个生命在这个世界上的独特性，都是它本身如此贵重的所在。你无法做别人的梦，正如别人替代不了你的角色。而你终究只要活出本真的自我，不被红尘俗世弄丢了自己，便是生命中无可抹去的一笔华彩。

生命在这个世界的精彩，在于它的独一无二，正如找不到完全相同的两片树叶。整个世界正因此而丰富多彩，免于千篇一律的单调。虽然我们也会艳羡别人的生活，比如明星的光鲜耀眼，富家千金的锦衣玉食，然而终究还是要做自己，他们任何一个人都无法用偶像的光环来替代你自身的价值。

也许你不是最优秀的，但是你是最本色的自己。如果将那些崇拜的偶像的优点汇聚一身，你就会发现自己已经面目全非，只能沦落到“四不像”的境地，正如汇集了所有的颜色调和出来的其实最终不过是一团漆黑罢了。

有一个女孩，十年寒窗之后终于进入了心仪的学府，收到录取通知书后，她来到父亲的书房报喜，同时撒娇地问道：“爸爸，您

不是说好等我考上大学要送我一个礼物的吗？”

“对呀，现在就看你有什么愿望了嘛！”

“嗯，我要的礼物呢，是这个——”女孩把手里的三张明星照片送到父亲的眼前，“您不是整形外科专家吗，那么想请您帮我好好整一下。我要的是第一位的大眼睛、双眼皮，第二位的高鼻梁，第三位的樱桃小嘴。哈哈，怎么样？”

父亲看着照片，沉默不语。

第二天，父亲把一张照片递给女儿：“看一下，这是按照你的愿望组合出来的样子。你仔细看好，要是真的决定做，那我就给你安排手术时间。”

女孩吓了一跳：“这组合完了不是变成四不像了吗？”

父亲笑了。他把女儿带到镜子前面，诚恳地说：“我的孩子，虽然你不像女明星那样美丽动人，但是你这张独一无二的面孔能透出你独有的气质。你的这张脸，前无古人，后无来者，谁也代替不了。那为什么要舍弃它，换上一张新面孔呢？即使换了脸，你也依旧是你，不是那些头上戴着光环的人呀。”

听了父亲的话，女孩羞愧不已。

我们羡慕他人的长相是很正常的事情，但是女人漂亮与否，不完全在于她的容貌，还有从她骨子里透出来的神采与气质。盲目效仿，最终弄不好反而会变成东施效颦，邯郸学步，那就得不偿失了。

退一步说，你只看到了别人展现在你面前的幸福，然而你又怎么知道在这背后“家家有本难念的经”呢？一切只要适合自己，不必羡慕别人，那才是刚刚好。

一位中年女人愁眉苦脸地来找心理医生，她坐下之后就开始抱怨，抱怨丈夫把她抛弃了，老板把她炒了鱿鱼，孩子又不肯用功学习，自己想开个服装店赚钱，结果生意冷清，整日里没有一件事是顺心如意的。

医生听完，给她讲了一个故事：

“从前有两只鸽子，一只住在简陋清寒的鸟巢中，一只住在主人精心安排的鸽笼里。它们俩是好朋友，有一天，巢鸽请笼鸽来自己家里玩。笼鸽兴高采烈地飞过去，巢鸽拿出自己储藏的小米和一些树种来招待它。笼鸽说：‘原来是这个呀，我才不吃呢！你这除了吃的什么都没有，还是去我家玩吧，那里可是一应俱全呢！’

“巢鸽就跟着笼鸽去了。

“主人给笼鸽准备了舒适的草窝，食物就更不用担心了，巢鸽想想自己每天还得风里雨里出去觅食，忙忙碌碌，不禁感叹笼鸽确实有福气。忽然身后传来响声，而且越来越大，把巢鸽吓得飞到了一边。原来是一群鸽子飞下来彼此你争我抢地吃食。笼鸽摇摇头说：‘这些都是我的朋友，我们同住在一个笼子里。’

“巢鸽看着眼前这一幕，抖了抖身上的灰尘说：‘我觉得我还是回家去吧，这里虽然不愁吃住，但是每天都要跟别人为了一口食物而争抢，还要挤着睡在一块，我还是回我的巢穴去更舒服。’说完拍拍翅膀飞回了自己的家中。”

女人听完这个故事，低下头若有所思。离开心理诊所的时候，一抹轻松的笑容重新回到了她的脸上。

的确，我们很多时候仰望他人，却忘记了活出自己的精彩。别人的荣华富贵不一定适合你，唯有脚踏实地走出自己的人生足迹，获得生命的积淀，蓦然回首，才不会空留遗憾。

如何才能坚持“三不”原则

曾经有人总结过“三不”原则，即不批评、不指责、不抱怨。这三条对我们处理人际关系可谓是意义重大。但是说来容易做来难，下面就说说怎样做到这三条。

1. 明白为什么要有“三不”

“三不”的反面恰好是“三要”：要批评、要指责、要抱怨。而我们喜欢“三要”，按照武志红老师的解释，是因为我们尽管成年，却依旧像婴儿一样认为自己可以控制环境。这实质上就是从控制到失控的心智模式，自以为可以控制他人并且动用一切力量进行控制，最终只能得到控制失败的情绪反应。

2. 我们如何克服“三要”

“三要”有两种形式：一种是内心的纠结痛苦，一种是外在的矛盾纠纷。它的过程包含三个环节：（1）价值判定——在内心界定别人应做与不应做的事；（2）意念无效——在意念上控制他人，但这种控制必然无效；（3）应激反应——在控制失败之后产生的应激反应即愤怒，会表现在心理活动、行为举止、语言表达等方面。

在了解了“三要”之后，我们大致就可以知道解决问题的总体方向了。逆水行舟势必艰难，我们还是要顺势疏导为好，即转移不良情绪。

3. 克服“三要”的具体措施

克服“三要”的措施有两种：循势转移和认知升级。

循势转移有4种方法。（1）内心推演：内心纠结的时候，不妨先认可与接纳它，简称“让子弹飞”。（2）语言倾诉：口头上可以找一个知己来倾诉，但你们俩事后都不要太当真；或者是找心理咨询师也可以；或者可以用写日记、博客等方式进行情感的宣泄。（3）行为代偿：通过一些较为感性的活动来释放压抑的情绪进行代偿，比如运动、唱歌等等。（4）事物转移：让自己忙碌起来，比如工作、做家务等等。在忙碌时，你就没有时间去注意自己的情绪了。

认知升级：上一种方法属于缓慢见效类型，而从根本上改变自己的思想才是最快捷有效的办法，有如禅宗的顿悟。具体的方法因人而异，只要懂得所有纠结与痛苦都来源于控制与失控，便可实现认知的升级。

章首语

古人有云："谦谦君子，温润如玉。"其实若按性情来说，女子往往更加恰如其分。女人如水，是柔情也是包容，是善意也是博爱。女人也如地势坤，厚德载物。以此，女人宽容，和气自生，温婉如玉的女人无论身处何方都会自带亲和力，世上任何花语，在她面前恐怕都要黯然失色。

第四章

女人宽容生和气，谦恭柔婉温如玉

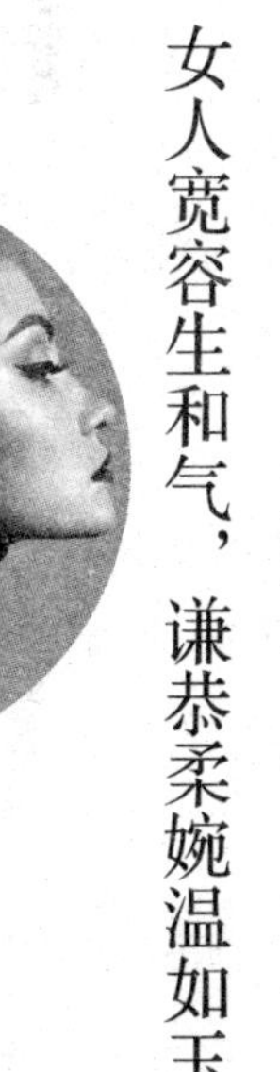

宽容能使你避免成为怒火烧身的飞蛾

虽说是“飞蛾扑火纱罩灯”，可是怒火烧身的时候，谁来阻止你如同飞蛾一样奋不顾身地扑向熊熊烈焰呢？又有谁为你将轻纱罩住，避免你的自我戕残呢？宽容，或可当此重任。

飞蛾扑火，迎来烈火焚身，我们总会叹息它的自取灭亡，可在平日的生活中，自己却不知不觉扮演着飞蛾的角色。当怒火中烧的时候，我们如果不加以克制，那就无异于投身烈火的飞蛾，在伤害他人的时候，实则也在无情地戕残着自己。

此时，宽容可以将你从这场不自知的灾祸中解救出来，避免你无谓的牺牲，且在伤害自己的路上越走越远。

又是一个周一，小雨一如往常坐在礼品店的柜台后面。

“吱”的一声，门开了，走进来一个年轻人，但是他的脸上蒙着一层忧郁的神色，这不像是来买礼品的样子。

他的目光停在了一只水晶乌龟上。“这件礼品多少钱？”声音冰冷生硬。得到回答之后，他掏出钱扔在柜台上。小雨心中纳闷：这可是少有的慷慨买主啊。于是小心翼翼地问了一句：“先生，能

问一下这个礼品您打算送给谁吗?”“我的新娘，明天我们要结婚了。”年轻人的脸色依旧冷得像块冰。小雨心中一沉，猜出了十之八九。她想了想：“先生，既然是送给新娘，那一定要好好包装一下。可是现在这边没有包装盒了，今晚可以为您赶制一个精美的盒子，您明天来取可以吗?”“好。谢谢你。”年轻人转身离去。

第二天，年轻人取了礼品盒匆匆赶到结婚礼堂。新娘已经到了，新郎不是他。他疾步跑上前，将礼品盒递到新娘的手中，便转身跑出来，喘息未定地回到家中。他开始想象新娘愤怒的神情和电话里的责骂，时间一点一点地流逝，他突然开始后悔，泪水簌簌落下。

黄昏时分，新娘喜悦并感激地打来电话：“谢谢你送给我这么好的礼物，谢谢你终于明白并且愿意原谅我了……”年轻人愣住了。他快步来到礼品店，那只水晶乌龟依然安静地躺在橱窗里。

小雨微笑地看着年轻人。此刻年轻人冷若冰霜的表情终于在瞬间融化为难以言表的感激：“谢谢你帮我找回了自己，也避免我铸成今生的遗憾。”

年轻人从小雨这里学会了宽容，如果不是心细如发的小雨善意地调换了礼品，也许那一天会成为双方记忆中永久的伤害，难以抚平。愤怒的烈火一旦燃起，即使不会化为灰烬，也会让你遍体鳞伤。小雨代替年轻人宽容了新娘，实际上也宽容了年轻人自己。

当然，在生活中有些人则是奋身赴火的，后果也可想而知。

影和青同在一家单位，又同住一间宿舍，两个人是无话不谈的好朋友。

然而在领导选人出国考察的时候，青却下手了。只有一个名额，影和青都是候选人。在领导询问个人意见的那天，影生病在家不能前来，就拜托青替她请假，结果青在领导面前说她旷工。于是，这个名额很自然地给了青。

影病好后回来上班，领导狠狠地批评她旷工，一头雾水的影明白真相后极为气愤。回到宿舍后看见青的桌子上有一份签好的合同，于是三下五除二将合同撕得粉碎："这回我看你还怎么借机升官！"

但正因为这份合同，公司赔偿了客户一大笔钱。领导得知事情的经过后，将这两个女孩双双开除了。

其实，事情本来不需如此冲动地去解决，倘若影宽容一些，也不至于让怒火中烧毁了自己的理智，不仅丢失了一份工作，还从此结下了一段怨恨。

生活中的不公有很多，但是愤怒并不能解决问题，而宽容则能有效地为你即将达到燃点的情绪降温，避免造成伤人伤己的后果。

打消对方无心之过的诚惶诚恐

人在世上走，谁会不跌足？但是即使只是无心之过，有时也不免诚惶诚恐，不知等待自己的是否会是一场暴风骤雨。倘若你希望自己在这样的时候得到别人的原谅，那么平时也要多一分宽容去待人。

人在世上难免会有无心之失。也许是在拥挤的公交上不小心踩了别人一脚，也许是聚会时无意中弄脏了别人的衣服，也许是工作中采购时弄错了数据……如此种种，别人在无心冒犯了我们之后往往会有种诚惶诚恐之感，而我们适时的宽容会打消对方心头的不安与疑虑。

一个女生在大学暑假期间去了一家饭店打工。

上班的第二天，业务尚未娴熟的她，在上菜时不留神打翻了一杯红酒，客人的衣服上顿时洇开了一片红酒渍。

她惊慌失措，一杯名贵的红酒可是价格不菲呢，更何况这红酒渍怎么清洗呢？

出乎意料，客人并未恶语相向，反而温和地安慰道："没关系，就是一杯酒嘛。”顺手扯过纸巾，“你看看，酒都洒你衣服上了。”此时她才注意到，自己的衬衫上，有一大片刺目的红色。

“那您……”她依然觉得很抱歉。

“没事，这种事情我们经历得多了，酒渍是经常处理的。”客人笑了笑，起身去了洗手间。

望着客人的背影，她的心中蓦然漾起一股获得原谅之后的暖意。

倘若客人不依不饶，那么后果可想而知。但是客人选择了原谅这位新来的服务生的无心之失，打消了女孩满心的惶恐。不然也许她会被老板训斥一顿，也有可能会丢掉刚刚找到的暑期工作。宽容是对他人的体谅，也是自身的一种修养。

我们再来看看下面这一幕场景。

一家咖啡厅里，人们正在悠闲地享受着午后的时光。

突然，一位男顾客愤怒的声音打破了宁静：“服务员！”

服务员闻声而来。

“看看你们的牛奶，这都结块了还卖，糟践了我一杯红茶！”

服务员微笑着道歉：“真抱歉，我这就给您换一杯新的。”

新的红茶和牛奶端上来，服务员俯下身，微笑着轻声说：“先生，建议您如果要加柠檬的话就不要放牛奶了，因为柠檬酸会使牛奶结块，看上去就像变质了一样。”

顾客愣了一下，顿时明白之前是自己的问题，不禁满脸通红。

他端起杯子喝了两口，便拉着身边的女朋友离开了。

虽然顾客的态度确实有些恶劣，但是服务员心平气和地满足了他的要求，并委婉地让他明白了问题的原因在自己身上，也避免了让他在众人面前感到尴尬。两相对比，显出两位顾客的修养截然不同。即使是确实上了一杯变质的牛奶，也不会是服务员存心为之，为什么就不能心平气静地指出并提醒对方下次注意呢？很多时候，你的宽容会避免让对方背上沉重的心理负担，而且会收到更好的效果。

和解是为了给彼此多一点儿余地

我们谁会希望在矛盾中将自己和对方都逼到山穷水尽的境地呢？握手和解并不意味着你的卑微与屈服，而是代表你对局面的掌控能力。给双方留下回旋的余地，再见时依旧海阔天空，这也未尝不是一种智慧。

很多时候，针尖对麦芒只能得到一时之快，但会将彼此逼入死胡同里，失去了回旋的余地，这明显并非上策。倒不如退一步之后握手言和，回首处依然海阔天空，这是在对手面前的谦逊，也是对自己的尊重。

也许有时双方的矛盾其实就差一层纸，但是一旦撕掉那层纸，双方就会争吵得不可开交，那样其实没有一方会是赢家。本来可以用握手言和的办法完美解决的事情，最后却要不欢而散，甚或对簿公堂，这对双方来讲都不是一件快乐的事。而且日后相见形同陌路，老死不相往来，这样只会让自己活在一个更逼仄的空间里。

一个女孩在多次投简历和面试之后，终于找到一份珠宝店售货员的工作，对于这份得来不易的工作，她格外珍惜，工作自然认真

勤恳。

圣诞节的前一天，店里来了一个年轻人，虽然衣着得体，但是神色中隐约有种落魄的忧郁。此时店里只有女孩一个人。

女孩热情地招呼："先生，您要买什么吗？"

年轻人脸上的笑容有些僵硬："小姐，我来随便看看。"目光中流露出慌忙闪躲的神色，接着就在店里转来转去地浏览着。

电话铃声响起，女孩去接电话，匆忙中打翻了柜台上的盘子。那里面有7颗珍珠，价值不菲。她急忙俯身去捡，可是只找回了6颗，另一颗踪迹全无。

就在这时，她看见年轻人转身向外走去，心里便知道那颗珍珠的下落了。

于是轻声叫道："先生，等一下。"

年轻人转过身，四目相对，女孩心中有种强烈的不安，不知道如果直接喊人，他会不会铤而走险。

年轻人问："什么事？"

女孩努力平复了一下情绪，依然微笑着："先生，今天是我工作的第一天，我好不容易才找到这份工作，您看，能不能……"

年轻人脸上有些尴尬。女孩用诚恳的目光望着他。他看了这个女孩很久，嘴角浮上一丝微笑，女孩也微笑地看着他。他开口了："是啊，求职总是那么艰难。但我相信，你一定可以继续做下去，而且会很优秀。"

他伸过手来："我会为你祝福的。"两人紧紧地握手，年轻人转身走出了珠宝店。

女孩目送他的背影远去，转身回到店里，将手里的第七颗珍珠放回盘中。她默默地为那位年轻人祝福。

若干年后，一位身家上亿的绅士走进了这个珠宝店，已经成为店长的女孩望着他正在错愕，他笑了："小姐，还记得当年那颗珍珠吗？谢谢你教给我比珍珠更有价值的东西，你当时的宽容，让我重拾信心，获得了今天的成功。"

倘若女孩选择的是报警或对峙，而非友好的和解，也许故事的结局就需要改写了。虽说女孩不一定受到伤害，但是世界如此之大，却又如此之小，谁说两个人有一天不会再相遇呢？而我们是更愿意留下尴尬的回忆，还是相逢一笑，心无芥蒂呢？

工作如此，生活亦如是。

婷是一个善解人意的女孩，她与峰结婚5年来，家庭和睦，幸福美满。一天，婷在准备洗衣服的时候无意中发现丈夫的衣袋里有一封字迹清秀的信："多年过去，我依然无法爱上别人，后悔当年为何与你分手。在我心中，你依然是我今生至爱……"署名是媛。

婷的心里犹如打翻五味瓶。后来她才了解到，媛是峰在大学时的初恋，两个人的爱情可谓是刻骨铭心。只是因为毕业后工作不在同一个城市，只好忍痛分手。

婷知道这些事后不免伤心，但是都已成过往，又何必追问丈夫呢？那只能让丈夫越走越远。

几天后，媛前来做客。婷热情款待，做了一桌丰盛的晚餐。席间不断招呼媛吃菜，兼以嘘寒问暖，也谈到现在家庭如何幸福。饭后婷说要带孩子去散步，给丈夫和媛交谈的空间。

峰待媛一如昔日好友，言谈间也不时会提及婷的好。媛也由衷地赞叹：“你有这样一位好妻子，真是羡煞旁人啊！”

婷不动声色的宽容，留住了丈夫，也与丈夫的初恋无形中达成了和解。倘若她咄咄逼人，也许婚后5年夫妻二人经营起来的这个家便会成为泡影，也为自己又树了一个敌人。

握手言和，是给自己留下足以周旋的空间，而不致进退失据。步步为营，其实未必是上策，以退为进，反而能达到“不战而屈人之兵”的效果。

你的博大才是最好的回击

对于别人的敌意，你会选择如何应对？是针锋相对、据理力争，置对方于死地而后快，还是以博大的胸襟笑挥蛛丝烟云，一任往事成踪迹呢？其实，后者往往才是最有力的回击。

人生在世，谁没有过几个对手或者与人结过怨恨，但是如果有朝一日狭路相逢，难道我们一定要兵戈相见吗？往事既然成为过去的河流无法踏入，那么我们为何还要心心念念地计较不休呢？当对方还在挂心昔日的恩怨，而你却早已放下，这才是胜者应有的姿态和气度。

丘吉尔是英国的著名首相，他一生中的事情我们不去赘述，但宽容大度这一点确实值得我们学习。

二战结束后，丘吉尔在一次大选中落选。作为一个政治家，这是一件多少都会令人难堪的事。不巧，他一次外出碰上了昔日的对手，当时他们还曾同台竞选。对方见此情景，便想趁机挑衅："很巧啊，听说丘吉尔先生这次也落选了是吗？"丘吉尔没有如对方期待的那样勃然大怒，笑了笑说："不过我觉得这正好表现了选举的

民主与公平啊！我们不是一直都在追求民主吗？现在民主的胜出，就是我们两党共同的胜利啊！”对方闻言羞愧万分，从此对丘吉尔多了几分敬意。

还有一次是在酒宴上，一位女政敌迎面走来，手中高举酒杯，指指丘吉尔的杯子，带着恨意说：“我毫不掩饰地说，我恨您。倘若我是您的夫人，那我一定会向您的杯里投毒！”丘吉尔听后面不改色，他的脸上依然洋溢着笑容，举起酒杯，颇为友好地说：“您大可放心，假如我是您的先生，那我一定会将这杯酒一饮而尽！”酒席上顿时响起热烈的掌声，这掌声是送给丘吉尔的宽容大度与非凡的气量的。

没有博大、坦荡的胸怀，丘吉尔也难以成为一代名相。其实对于你的对手，你最好的回击并不是针锋相对，而是当对方怒气冲冲的时候，你一笑置之，表示愿意和解，化解以往的不快。这才是更高的境界，而且往往会很有效。

唐朝大将郭子仪长年征战，平定安史之乱功不可没，满朝文武无不敬佩。只有一个人与他向来不友好，而且还趁动乱时期掘了郭家的祖坟。这个人就是皇帝身边的太监鱼朝恩。实际上凭借当时的威望与地位，郭子仪大可借机报复，皇帝也是要让他三分的。

但是郭子仪没有这样做。对皇帝说起祖坟被挖之事，他哭道：“想来这是我平日带兵杀人无数遭到的天谴，并非人祸。”朝中百官莫不动容，鱼朝恩也不禁落泪。但鱼朝恩眼见郭子仪的势力日益壮大，唯恐对自己不利，想来一场“鸿门宴”。周围人劝郭子仪不要前往，但是郭子仪只带了几个随从就去了，并且对鱼朝恩表明希望此行能够化解宿怨。鱼朝恩感于郭子仪的为人宽厚大度、光明磊落，此后两个人竟成了至交。

这可谓是化敌为友的绝好例子。正是博大的胸怀，才能起到化干戈为玉帛的作用，将宿敌化为挚友，平息所有的怨恨，打开人际交往的新局面。犹如圣严法师所说：“慈悲没有敌人，智慧没有烦恼。”你以博大的胸怀对人，嗔痴怨怒都会自然平息，因为在你的面前，它们也要自惭形秽。

或许有人说：我放不下过去的怨恨，做不到如此的博大，怎么办？

其实，当你成为更好的自己时，没有什么是你不肯宽容的。

有两个学生，当年在同一所学校，同一个班级。

他们的班主任很严厉。这对于两个成绩都不理想的学生来讲，自然倍感压力。

其中一个学生，不想永远做学渣，他发奋刻苦，后来一次期中考试，破天荒地考进了班级前十。但是班主任不肯相信这是他的真实能力，在全班面前挥着那张试卷：“你给我老实交代，这是不是你抄来的?!”为了检验真伪，班主任要求他放学后留在教室重新考

一次。

结果可想而知。但班主任并未在全班面前澄清这件事。

后来，班主任调到了另外的学校，全班送行，唯独少了他一个。

高考结束，他如愿考上了北大，回校时碰到了回原学校办事的班主任，老师叫住他，恭喜他金榜题名。两个人在校门口也就多聊了一会。他忽然发现，自己似乎对班主任并没有那么恨了。

另一个学生，每日挨训是家常便饭，索性破罐破摔，认为自己不是读书的材料。直到班主任转走之后依然如故。

高考落榜，他也无心读书。然而面对求职时学历的要求，他一筹莫展。最后，他去了工地，在烈日、寒风、汗水中谋求生存的空间。

几年后同学聚会，大家谈及当年的老师，对班主任不乏讽刺之声。第一个学生感到诧异，原来有些人恨一个人可以这么久。第二个学生揶揄道："你没有那么恨他，是因为你现在衣食无忧，生活富足。而假如她当年对我重视一些，或许我也早就考上大学，不必像现在这样给人累死累活地打工了。"

当你过得并不如意的时候，怨恨会在你的心里发酵，因为你的心理还停留在未成年的阶段，无法为自己的生活埋单，希望有别人来为你目前的这一切负责。对生活现状不满，才会对过去耿耿于怀，这是弱者在生活面前无能的表现。当自我不断臻于完善，再看当年念念不忘的矛盾、争执，实则都已成为风中的一抹蛛丝，又如何能伤害到心胸已足够宽广、豁达的你呢？

换位思考，不妨多一点儿同理心

我们都知道同情心，但是却未必了解什么是同理心。换位思考早已不是神秘的道理，但是我们依然会时时忘记。

同情心是对弱者的可怜，但内心有一种我很优越的自恋。

同理心则是感同身受，如同置身于对方的世界，与之同感受、共悲欢。

其实，很多时候，我们缺少的是后一种。

我们习惯猜测别人的用意，然而任何不了解实情的猜测都是无理取闹。

我们喜欢给别人下断言，可是任何没有明白别人真实用意的评论都不过是意气用事。

同情是一种目睹别人的困难油然而生的恻隐之心以及愿意为之尽绵薄之力的心境。同理心则是目睹他人的境遇，不需开口先问是非，而是设身处地叩问自己的感受，并由此自然生出的一种自我克制与约束的美德。

具有同理心的人，能够体会他人的想法和情绪，理解他人的感受与立场，懂得站在他人的角度去思考并解决问题。它是同情的基

础，是人性关怀的土壤，是利他主义生长的温床。正因有同理心，我们才能够细致入微地体察别人的心理与需求。

烈日吐火的炎夏，三位产妇挤在一间狭小的病房里，刚刚生产完的她们个个都虚汗涔涔，可是其中一位产妇的婆婆关掉了空调，理由是产后不能吹空调。而实际原因是她睡在楼道，正对着空调的风口。

儿媳在最里面，本来就是剖腹产，酷热难耐加上伤口的疼痛让她忍不住抽泣起来。后来隔壁床的产妇终于忍无可忍，和这位婆婆争执起来。虽说婆婆不热，但是她们很热，本来医院开空调就是让病人好受一些，这天气关掉空调，让她们怎么捱啊？

三个产妇和这位既有“文化”还“好心”的婆婆理论的结果当然是民意胜出。其实，这位婆婆如果换个角度想想，就会体会到产妇们的这种痛苦。然而遗憾的是缺乏同理心偏偏促使她做出了一个错误的决断。

人们都说婆媳关系难处，其实在中国有80%的婆媳不和，正源于双方都不肯站在对方的角度考虑问题。换言之，这也是缺乏同理心的结果。

职场中也有同样的故事。

有一位大导演正在为面试一批新演员焦头烂额。眼看要结束了，一个女孩推门进来，显得满脸紧张：“对不起，先生，我——”

导演有些不耐烦：“好了好了，你先说说你有什么特长？不如这样，你先唱首歌给我听听。”

女子似乎颇感意外，但此时此刻，也只有硬着头皮唱。“路边一棵榕树下，是我怀念的地方……”

“停停停！”导演大声喊道，“听你的歌声我的鸡皮疙瘩都要落了一地。你根本就不会唱歌。”

“啊？我没说我是来唱歌的呀，我是来打扫房间的！”

这个故事听来颇觉好笑，其实这正折射出我们平时缺乏同理心的一种状态。我们根本就没有想到要去了解对方，而只是简单粗暴地来了个先入为主，这在职场上同样也会给我们带来诸多不必要的尴尬和麻烦。

30多岁的婉月，因为丈夫有外遇，离了婚，带着女儿独自生活。

这个月光暗淡的夜晚，她安顿女儿睡下，正准备入睡，却听见外面传来一阵争吵声。她听出是一对夫妻在吵架，那个男人的声音，正是她的前夫。其中还夹杂着一个小孩子哭闹的声音。

婉月推开门想出去透透气，平复一下纷乱的心情。然而在她眼前，却是这样的一幕：就在道边，两个人在激烈地争吵，而一个还只是蹒跚学步的孩子被他们忽略在一旁，孩子一步一步走向了马路中央……婉月不禁大叫一声：“别动！”此时一辆小轿车飞速驶来，可是驾驶员如何能看到这么小的孩子。她不顾一切地冲过去一把抱起孩子匍匐前行。轿车无情地碾压过她的双腿，而孩子被她用力推向路边。此时争吵的两人早已吓呆。

那个女子后来深感内疚地问婉月：“我做了那样伤害你的事，你为什么还要冒这样的险？”婉月平静地回答：“因为你也是一位母亲。孩子总是无辜的，他还不该承受这些。”

因为同理心，一个幼小的生命免于丧生轮下。其实，世间何尝有化不开的仇恨，重要的是我们能否换位思考，这样事情反而会简单很多。

修炼秘籍

9条方针让你具有同理心

1. 将关注的焦点放在别人的福利、利益与需求上

一个人对他人产生同理心，必然是因为某件事是和对方的福利、利益与需求相违背的。这就需要我们将关切的目光更多地投向他人。

2. 融入人类的共同价值观

在融入他人的福利、利益与需求的时候，你需要能够融入对方的价值观。超越不同的身份与处境而与他人感同身受。

3. 不要急着进行批判

也许对方只是想要一个倾诉的对象，而我们只是做一个安静的倾听者就好。当然，这并不意味着你必须全盘接受他的价值观。

4. 和目标建立连接关系

尝试着从对方的角度，以对方的眼光去看事情。这不需要你认同，但是你应该给予理解和承认。这时你需要给对方一些开放性的问题，让他尽可能地叙述，这样你才能走进对方的心灵世界。

5. 利用反射

用你的语言将对方的感受或想法表述给对方，从而来进行某种确认。这有利于帮助对方将叙述向前推进，同时也能够让对方感受到你在用心倾听他的谈话。

6. 聆听目标

经过反射，你会理解对方叙述中更深层的含义，而不是只停留在看到的表象上。如果你习惯于对别人训话而没有仔细地聆听，你就很难捕捉到对方的“话里有话”。

7. 适当地使用自我披露

如果你的自我披露与对方的叙述有关联，那么可以适量地讲述一下你自己的事。这有助于你和对方的主观世界沟通，唤起你和对方之间的共鸣。

8. 在自己和目标的主观世界之间，保持适当的距离

如果你将自己完全淹没在对方的情绪中，那么就很难再向对方提出任何建设性的意见。在你和对方一同感慨唏嘘的同时，别忘了打个激灵醒来，回到自己的角色。

9. 要练习

说了这么多，你会发现纸上谈兵还是很容易，可是一旦落到现实之中就会很棘手，这里的尺度全靠你千帆过尽、阅人无数，用你的心灵去揣度拿捏。

章首语

漫漫长路，我们有多少事情可以挂怀？说多了执着却往往将自己引入一个走不出的怪圈，可是命运注定不会给你特赦，唯有放下之后跳出轮回，你才会成为自己的摆渡人。缘聚缘散，顺其自然，得之坦然，失之淡然。

第五章

女人释怀是智慧，随缘自适莫执着

放下后的休息，生活每天都是新的

负重前行，有时在到终点之前，我们已经耗尽了所有的能量，倒不如甩掉包袱，毅然大步向前。在人生的旅途上，拖着箱子的旅客反而不如简简单单的背包客可以信步天涯。轻装前行，每一天的晨曦都在与你相约下一个朝霞漫天。

人生漫漫长途，我们似乎总是在负重奔跑。忙着超越别人，将对手甩在身后，然后又被其他人超越。在竞争的争分夺秒中，更多的时候我们却忽略了人生沿途的曼妙风景，只为抵达所谓的终点。其实，人生何尝有终点，无涯之海，我们追求的无非是海上偶尔现出的小岛。而我们却把它当作了海那边的彼岸，匆匆复匆匆，竟来不及看一眼白帆、旭日、浪花以及水中游弋的鱼儿。

当你卸下身上的重负，闲庭信步，蓦然间会发现，原来不经意间错过了世间太多的风景，那是途中的别有洞天，迢迢长路也因此不会寂寞。

艾琳·詹姆斯是美国的一位著名作家。很多人以为作家的生活会格外精致、奢华，但恰恰相反，她一生都提倡过简约的生活。

实际上她在年轻时还是一个投资人兼顾问，那时忙碌是她生活的常态。在被各种事务充塞生命几十年后，她终于无法忍受了。于是，她做出一个决定：简化日程，给自己放一个长假。

日程表里的八十多项内容被她简化到十多项，当天的电话预约全部取消，桌上的文件也都被销毁，甚至她还注销了银行卡，因为不想让银行账单来打扰自己清净的生活。

她改变了自己的日常生活方式与工作习惯后，房间、草坪都变得更为简洁，这也给她的心灵留出了大片的空间，快乐重新回到了她的世界里。

她谈起这些，深有感触地说："我们误以为自己只要努力就会拥有一切，实际上这些东西却让我们沉溺其中而心烦意乱。那么，我们还不如舍弃这些东西，给自己的心灵一个假期，这样我们的创造力才会旺盛不竭。"

是的，当你被生活中的大小事务压得喘息艰难，例行公事让你烦不胜烦时，你何不将这些事情排个序，如果不是非做不可，那就大可放弃。当你放下生命中的诸多烦琐之后，心灵在那一刻会由负重寸步难行变得轻灵漫步云间，你一直想要的潇洒生活，其实离你并不遥远。

也许，你会说："生活中那么多事情，怎么那么容易就放下呢？"

其实，我们很多时候是被面子所累，徒然给自己增加了不必要的事情与任务。我们整日忙得团团转，实际不过是为了避免背上在别人看来是懒惰抑或消极的恶名，却对心灵最真实的声音充耳不闻。

深夜3点的时候，静怡还在灯下苦读英语，她的脸色已十分憔悴。这三个月来的坚持，其实是为了她考了四次但还没有拿到的成人英语资格证书。

她现在是一家国企的中层管理人员，由于工作勤奋、能力出众，已经是企业的重点培养对象。她的工作其实用不着英语，但她大学时就没有得到英语资格证书，这成为她心中的一个结。所以毕业之后她就跟英语较上了劲儿，不考到证书决不罢休。

可是她从小到大，每逢考试总是发挥得不尽人意，这也成了她一个沉重的心理负担。因此，几次考试都未能如愿以偿。由于过度紧张、焦虑，以及每晚学习使得睡眠不足，严重影响了她的正常工作，她现在觉得痛苦不堪。

实际上，静怡想要的只是一个英语证书，以及在人前的一个面子，这毕竟可以让人觉得大学期间的缺憾已经被弥补完整，似乎可以称得上完满了。然而这对她来说是必须完成的吗？她只不过是跨不过心理上的那道坎儿罢了。因为不肯放下，所以自己也被捆绑其中，身心俱疲，那么与其执着地不肯舍弃，何不放下后获得心灵上的全新体验呢？

一

爱到尽头，放手后优雅地转身

多年过去，歌已老，可是歌词的意味依然在我们的生命中盘桓如幽灵。无论是“想起我们有过的从前/泪水就一点一点开始蔓延”，还是“怀抱既然不能逗留/何不在离开的时候/一边享受一边泪流”，其实都离不开爱之情殇的一个话题。然而，作为女人，我们何不让自己在那一时刻有着更优雅的姿态？

爱情，是令多少人都心旌摇曳的一个话题。

然而爱情终究要随缘分，缘散缘聚，来时无人可以阻挡，去时无人可以强留。缘起缘灭，可遇而不可求，倒不如随缘自在。

爱情之中，不是每一颗种子都会如期开花，也不是每一朵花都可以如愿结果。也许你会抱怨为何爱情到最后还是一场空，那也只能说，是缘分尽了，爱也到了尽头。如果是这样，那么不妨放手，优雅地转身，因为爱情在你的生命中已经绚烂过，不再有遗憾，何不在分别的时候云淡风轻，只将美好的记忆珍藏。即使时过境迁，谁又能说当时双方没有用心爱过？既然如此，便已足够，哭闹纠缠都只会一点点吞噬曾经快乐的回忆，更无益于自己保持一个女人的优雅。

小丽与小锋在一起已有6年之久。她曾经天真地以为海誓山盟足以成为永久，但小锋向她提出了分手。她质问小锋究竟是什么原因，小锋只是简单地答复：“就是不爱了，在一起感觉很累。”

小丽无法接受这样的结果，整日以泪洗面。她依然不死心地每天给他打电话，表达自己的思念。小锋已经不胜其烦，可她依旧执着。

小锋很快开始了新的感情，小丽几近崩溃，她三番五次地跑到小锋的单位去大吵大闹，到最后已经是人尽皆知。每次看见她来，小锋的同事就知道又无宁日了。小锋最终无法忍受，冲动之下害死了小丽。

其实，当一段爱走到尽头，如若不肯放手，只能是空耗自己的能量。给他人一个爱的空间，也让自己可以去遇见更好的人，这对双方都是一种成全。有人试图用不放手来报复对方，其实到最后伤害的不过是自己。

高松的外遇，已经有半年了，白涵梅也看出了端倪，只是从来没有说过。原因只有一个：她不想失去他。

这天晚餐丰盛，但是高松面沉似水，眉头紧锁。白涵梅给他盛汤的时候，高松伸手挡了一下，结果汤洒在了高松的手上。

白涵梅忙不迭地给他擦去汤汁，高松推开她，说：“我们离婚吧。”白涵梅仿佛没听到，还在催促高松赶紧把衣服换下来。

高松再一次推开她：“我们不能在一起了。你提什么条件我都同意。她怀孕了。”白涵梅把毛巾甩到高松脸上：“你想离就离？我偏不离！就是要耗死你！”

结果可想而知。高松从家里搬出去住了，没有带走家门的钥匙。

白涵梅依然不肯放弃。她煮了红枣粥，送到高松的单位，在楼下等他。高松只是冷冷地说：我不爱吃红枣。

你以前不是最喜欢喝红枣粥吗？

以前是以前，现在口味已经变了。

纠缠了一年下来，白涵梅已经疲惫不堪。

那晚，家中进了小偷，脚步声从阳台响到客厅。白涵梅惊恐万分，报警是来不及的，情急之中她把床头台灯扫落在地。听到“哗啦”一声巨响，小偷的脚步声从客厅又回到了阳台。

警察来时，白涵梅还浑身打战，蜷成一团。那晚她给高松发了好多条短信，说家里进贼了，她害怕，求他回来陪她一会儿。但是高松杳无回音。

第二天，她打电话给高松，问是否知道昨晚的事。高松回答：知道。怎么不报警？回头给窗户装上防盗网吧。

白涵梅坚决地抛下一句话：“今天下午，我们去离婚。”

话出口，她竟然感到从未有过的轻松。

其实，在最后放手的那一刻，是对他人的慈悲，更是对自己的慈悲。当你不肯离开一个人时，其实令你眷恋的并不是这个人，而是你们曾经有过的深情，更重要的，其实眷恋的是那个自己。而更多时候，我们无非是在以爱的名义互相伤害。

我们总以为相守到地久天长才是人生至爱，但爱的最高境界并非占有，而是甘愿为对方做出最大的成全。今生已经全心爱过，如果这个人不属于你，那又何必纠结。放开手，转身离开时别忘了保持优雅的背影，在前方或许正有一段专属于你的爱情在等待你，它将在转角处为你而盛放。

不肯舍弃怎会拥有整个世界

当你手中紧握着落日的一抹余晖，群星的璀璨恐怕将要从你的指间滑过了，而整个世界从此与你的掌心无缘。

我们平常总会说“不要放弃”，其实这话应该看具体情境来说。正如“舍得”这个词，没有“舍”何来“得”呢？有人说，人一出生的时候双手是紧攥的，似乎什么都想抓住，而到离开这个世界的时候双手是张开的，因为已经知道这个世界没有什么可以抓得住。但是最后这句应该这样说：当他张开双手的时候，其实整个世界都已经在他手中。

一天，一位母亲正在厨房忙碌，忽然听见从客厅里传来3岁儿子的哭声，她急忙过去查看。原来儿子把手伸进了一个古瓷花瓶，卡在里面怎么也拿不出来。无奈只好将花瓶打碎，儿子才脱离窘境。儿子的手始终紧攥，母亲要他松开手，才发现他手里原来有一枚硬币。这样手怎么可能从瓶颈中抽出来呢？母亲责备了一通之后，儿子哭着说出了真相：他发现花瓶里有一枚硬币，就将手伸进去，因为好不容易才拿到，所以怎么也不舍得放手。

硬币拿到了，但是他大概不知道，打碎的这个花瓶是多少个硬币都难以买到的。

人生就是一个得而复失的过程。来去匆匆，我们来时一无所有，离开时也带不走任何牵挂。我们在生命中牢牢地抓住某些执念，最终却不过如水月镜花，自己空为所苦，而天地之大，已经不在你手中，徒留下自己抓不住的遗憾。

如果你不肯舍去的东西太多，反而会成为人生路上的负累，如同每走一步路，就给自己的背篓里加一块石头，终究你会寸步难行。倒不如果断舍弃，轻装上阵，反会捷足先登。这些石头可以说是有很多，诸如工作、爱情、家庭、友谊、金钱、地位、名声……只看你愿意丢掉哪些。当你放下身外之物，心灵也会随之澄明无碍，超出凡俗的境界。

从前，有一位年轻的剑客，专门喜欢挑战著名的剑客。当很多人都在他高超的剑术面前甘拜下风之后，他突然觉得寂寞了。

此时，有人告诉他有一位剑客隐居在某地，可谓传奇人物，其剑术是所向披靡，无人能敌。

于是，年轻剑客意气满满地前去挑战，费尽周折才找到住在山村里的这位名剑客。然而一见面他便觉格外失落，因为此人是位长相平平、不修边幅的老人，矮小精瘦，并不是他想象中的剑客风范。更重要的是，老人的剑已经锈在鞘中，无法拔出了。

年轻剑客向老人讲明来意，老人对于他的挑战不动声色，依旧用餐。正值夏日，苍蝇在屋中嗡嗡飞舞。老人不抬眼，便伸手用筷子在空中一闪，转眼间已经夹住了四只苍蝇，并一字排开，摆在桌上，继续吃饭。

年轻剑客看得目瞪口呆，此时他的傲气已经消逝得无影无踪，当下便拜老人为师。在潜心修炼若干年之后，他的剑如同老人的一样锈在鞘中。

当心中放下了名利，心境日益澄明时，年轻人的剑术才得以到达至境。如果恋恋尘世的名声，也许他根本不可能完成化蛹为蝶的蜕变，更无法脱胎换骨。

舍弃并不意味着你的怯懦与畏缩，而是代表一种成熟之后的冷静与睿智。适时地放弃，更见你豁达的境界，或许能为你打开另一片天地。

王小丫主持的一期《开心辞典》中，挑战者幸运地答到了第九题。当他通过各种办法答完第九题实现家庭梦想时，王小丫笑着问是否要继续，他简单干脆地回答："我放弃！"

这个答案让所有人都出乎意料，因为历来还很少有挑战者在这个环节放弃，毕竟全国观众的眼睛都在看着。王小丫反复追问，挑战者意向已决："确定放弃，不会后悔。因为我已经得到了应该得到的东西。"

李佳明似乎不肯放过，又问他：“倘若你的孩子将来问你那天为什么选择放弃，你会怎样回答他呢？”

挑战者平静地答道：“那我会告诉他，人生未必都要走到顶点才算得上辉煌。”

“那孩子也许会说，我以后只考80分也就够了，你怎么看？”

“如果他开心，并且已经付出了应有的努力，那么我会给他最大的认同。”

话音落地，台下掌声雷动。

正如一位哲学家所说：“聪明的放弃是人生最难掌控的智慧。”潇洒的放弃是另一种珍惜。倘若你手里已经抱着一个西瓜，想去抱更大的另一个，那就只有放下手中既有的瓜，才能换来更大的收获。当然更多的时候，“花看半开，酒饮微醺”，一切都刚刚好，这种微妙的美好，恰是不可言传的胜境。所以，我们又何必总是在舍弃和保留之间纠结呢？也许当你舍弃之后，你拥有的便是整个世界。

别让失意的懊恼遮住你希望的双眼

失意总会一叶障目，倘若轻轻张开你的双眼，让晨风将希望的钟声送进耳鼓，你会发现这个世界会与你一起欣然起舞。即便满天乌云，又何必让它们遮住你希望的双眼？

人生不如意事十之八九，然而我们是否学会了如何面对它们呢？生活中总有意料之外的事情发生，打乱我们原本完美的计划，这个时候，你是选择抱怨还是从容应对呢？当懊恼的阴云飘来时，或许瞬间便会一叶障目，而你希望的双眼是否会因此放弃对前景闪烁的瞩望？

许多事情你无法改变，但你可以成为自己心态的主人。很多时候失意并不可怕，可怕的是自己对它的夸大。倘若以平常心态来看待，它并不妨碍你享受世界的美好。

有个女孩趁着年假登上了去往凤凰古城的火车，那是她心心念念梦寐以求的地方。一路上她迫不及待地拍照，急切地想要与人分享旅程中的幸福。到了旅店安顿下来之后，她就拨通了朋友的电话，想要把快乐传递给千里之外的好友。可是过于兴奋，说得手舞足蹈，一不小心，手机脱手飞出甩到了墙上，屏幕瞬间粉碎。她匆忙告知朋友情况，便挂掉了电话。

没想到挂了电话之后，手机开不了机。出门在外手机坏了确实是一件让人头疼的事，因为没法与朋友联系、拍照、发微信、刷微博了。本想找当地的网点去维修，但周期又太长。她转念一想自己是来旅游的，又不是专门给朋友们探路的。而且手机坏了正好免去打扰，让生活清静一下，好好享受古城的风光与美食。

于是之后的几天里，她真的将凤凰古城彻底游了个遍，并从当地的风土人情中得到了莫大的收获。从此她不会再因为生活中某些失意就懊恼不已了，因为从中她也会发现许多好处。

得之淡然，失之坦然，生活总会给你意外的惊喜。懊恼的时候，或许你正好错过了欣赏路边的风景，一瞬的花开。也许就在懊恼的刹那你忽略了事情的转机，让它从你眼前溜过而茫然不知。

小琳带着自己的作品去面试。在等待的漫长过程中，接待人员端来一杯水，可是意外发生了。杯子不小心打翻了，水洒在了面试的作品上，作品的线条变得模糊起来，整张纸变得皱巴巴的，这让小琳措手不及。等下面试的时候怎么向考官解释自己的创意构思呢？

但是埋怨接待人员也没有用，小琳迅速地向他们借来纸笔，将自己的作品简单地勾勒出来，并在另一张纸上说明了事情的缘由。

最终的结果是她从如林的面试者中脱颖而出，获得了公司的聘用。主考官后来称赞她：“你的作品虽然简单，但是恰到好处地体现出了广告的创意与变通！”

失意的时候，懊恼不起作用，抱怨更是于事无补，真正能够让事情出现转机的，还是你自己积极应对的心态。它可以弥补意外造成的缺憾，将损失降到最小，甚至能给你带来意想不到的收获，这样才会取得比懊恼、抱怨事半功倍的效果。

昨日的沮丧，只会令你的梦想黯然失色，而败亦不馁的精神，才能帮你重整旗鼓，在乌云漫天的背后看见云开雨霁的阳光普照，万物熠熠生辉。失意本是人生常态，但是不要因为它垂下你希望的双眼，你要相信：春天花会开。

将心放宽，此生何愁随遇而安

“小舟从此逝，江海寄余生”，这可谓是一种逍遥的状态。随遇而安是一种能力，无论是岭南海角还是漠北孤烟，心之所在，便是生命安顿的居所。

每个人都会经历人生的不同状态，或者一帆风顺，或者云谲波诡，然而在风雨飘摇之中，你是否能够有一颗随遇而安的心？苏轼为柔奴写下“此心安处是吾乡”，安慰朝云“天涯何处无芳草”，如果不是有如此旷达的心态，他或许早已抑郁而终了。

柔奴心甘情愿随被贬的王巩一路南行，前往偏僻的广西，其生活艰苦，自然可想而知。当他们北归之后，苏轼问她：“岭南之地大概气候水土不好吧？”她微笑着回答：“此心安定之处，便是我的家乡。”苏轼感慨万分，于是为她写词相赠，便有了那句广为流传的“此心安处是吾乡”。

一句“此心安处是吾乡”恰恰是这位女子对生活随遇而安的内心表白。生活可谓是百味杂陈，而她已经学会了从容去品味，并且知道每一种滋味都值得深藏于心。

有一位妇人，她丈夫突然抛弃她，令她痛苦不已，整日以泪洗面。她向一位智慧的老者哭诉，老者见她腮边犹有泪痕，声音满含幽怨，温和地说："其实人生中有离别同样是好事啊！"

妇人茫然不解。

老者微笑道："试想，如果没有离别，又怎有对相聚时刻的珍重？如果没有离别，恐怕也没有重逢的喜悦。这样想来，离别也是一种美好的经历啊！"

老者的话很平易，却不无道理。人间自有悲欢离合、聚散浮沉，缺少了每一样滋味，生命都会因此而略显单调。生命自有无数种可能，这也赋予了它令人留恋的丰富，否则不过是一抹缺少变化的苍白。这个道理，弘一法师领悟得更加深刻。

晚年的弘一法师，有朋友来访，看见每餐不过一晚米饭、一碟素菜和一杯白开水。朋友感于他修行生活的清苦，于心不忍，便问："一碟腌萝卜不会太咸吗？"他回答："咸有咸的滋味。""水中没有茶叶，不会觉得太淡吗?""淡有淡的好处啊。"

在弘一法师的眼里，世间万物自然而然，各得其所，没有什么不同。而是否能品尝到它们各自的滋味，还要看我们是否拥有平静的心态。

女人想要快乐，便不要过分地执着，刻意地区别。很多事情无可选择，是客观的生活便如此；很多事情其实又有选择，是我们内心的一种状态。接受生活本来的样貌，即使粗茶淡饭也可以将日子过出生活的诗意，活出人本身的尊贵。

随遇而安的生活态度，其实是要看内心的定力的。否则轻易就会被外界环境扰乱了心怀，反而变得随波逐流了。古代的圣贤正是有赖于这份定力，才有大难临头也不慌张的气定神闲。

孔子与弟子周游列国的时候，因为长相酷似阳虎，引起众人误会，被围在卫国的匡地。可谓是里三层外三层，水泄不通。情形如此紧迫，孔子却安坐在那里，唱着歌，抚着琴，泰然自若的样子。子路看见这情景，便生气地问老师："外面都这个样子了，您怎么还有心思在这里自娱自乐呢？"孔子说："你过来，我对你讲。我陷于艰窘的境地已经很久了，这是我的命。我的主张至今难以被推行，这是时运的原因。这一切都是时势如此。而圣人的勇敢，在于他懂得穷通有道，即使遭遇大难也临危不惧。既然我自己知道我的命是有定数的，你就少安毋躁吧。"

后来，果然有人来向孔子道歉说他们认错人了，准备撤兵。孔子师生们也转危为安。

在如此危急的情况下，孔子依然能镇定自若，处变不惊，安于

当时的处境，正是在于他内心有一种强大的力量，使他安定而不被外界动摇，从而安然渡过一场劫难。

说起三国时东吴的步骘，可能大家觉得比较陌生。他父母双亡，与朋友卫旌结伴种瓜，白天在田间忙碌，夜晚就在灯下研读典籍。尽管穷困潦倒，但对他来说不过是一时的艰难。

为了避免受当地的豪门大族焦家的刁难，两个人决定挑些瓜给焦家送去。可是他们到了焦家，主人正在午睡。等了很久，卫旌心中不满，就想转身离开。步骘叫住他说，如果我们自命清高一走了之，那日后岂不给自己招来灾祸，争气也不在这一时啊。

主人醒来了，可是并没有叫他们进屋，而是在地上摆了座席，叫他们坐在窗外，就这样接见了他们。自己桌上堆满美味佳肴，却只用小盘盛饭菜给他们。

卫旌心里愈发觉得受到羞辱，步骘却神态自若地吃完告辞。

两个人出来后，卫旌问："你怎么能忍受他如此的怠慢呢？"步骘笑道："不管富贵贫贱，都应该随遇而安。我们现在的地位低贱，他如此对待咱们，又谈得上什么光荣或者耻辱呢？"

步骘后来得到孙权的重用，最终代替陆逊担任丞相一职。

随遇而安，宠辱不惊，足以看出一个人内心的强大，也正是这样的人，最终能够成就一番大业。男人尚且如此，而女人不论在何种境地，都要善待自己，随遇而安就是更加不可缺少的精神了。

修炼秘籍

这9样东西你应该果断告别

1. 狭隘

心随天地宽，路自然不会越走越窄。当你宽容了别人时，实际上也是在放过自己。

2. 压力

别让心灵的房间落满了灰尘，适时地清理，扔掉无谓的垃圾，阳光会将快乐布满你生命中的每一寸空间。

3. 过去

往事何必总回首，接受现实才是强者的智慧。无论幸与不幸，都要顺其自然，以笑靥如花迎接下一秒的丽日晴空。

4. 自卑

不一定每个人都要成为伟人，但每个人的内人都可以变得刀枪不入。用自信照亮你的人生，你的价值从这一刻开始。

5. 懒惰

哪怕只是一件小事，只要你上进，也会将它做到炉火纯青。生命属于独立的个体，而你完全可以活出自己的精彩。

6. 消极

不要让消极一点点侵蚀你的信心，只要扬起头，乌云背后也仍然有希望的影踪。

7. 抱怨

抱怨无法改变你的现状，坦然面对才会为漫漫征程踏出无限可能。生活永远不曾辜负你，它赠予你的财富其实和别人一样多。

8. 犹豫

系紧鞋带上路，不要犹豫不决，如果有好的想法，那就去做一个行动派。如果有机遇擦身而过，那就抓住这颗瞬间即逝的流星，你的小宇宙就在你手中转动。

9. 面子

低头不是卑微，而是为了看清脚下的路。可是当你放不下面子的时候，或许你的明天也就死在你虚弱的尊贵上。

半睁半闭，爱情才有望携手白头

总有人会说，女人要擦亮双眼，这话固然不假，但是适时地也要“睁一只眼闭一只眼”，否则最后分手可能不是“棒打鸳鸯”，倒是“劳燕分飞”了。有时候白头偕老不在于海誓山盟，而是需要你用心去经营。

每一段爱情，都是生命中的一场相逢，而这场没有预演的电影完全要看两个人的发挥与默契的程度，才能决定最后的结局。也许云淡风轻，也许皆大欢喜，也许黯然泪下，但无论如何，这都是生命中的一段经历。我们总会向往“执子之手，与之偕老”的诺言，但是我们是否掌握了两个人携手白头的秘诀呢？

张爱玲曾说：“太清醒的女人是不会幸福的，要么真糊涂，要么装糊涂。”事实也的确如此。在婚姻中，女人学会装糊涂往往会让幸福与快乐更加长久。装糊涂，一来是宽以待人的艺术，二来也是自我调剂的良方。两个人朝夕相处，难免会暴露出种种缺点，而我们如果非要处处较真，那只会让对方身心疲惫，无形中把对方推得越来越远。所以，倒不如半睁半闭，糊涂一点儿，反而更有利于两个人的琴瑟和谐。

男人有时也有虚荣心，也会说些善意的谎言，但是既然出发点是为了让爱人欢心，那么女人又何必非要斤斤计较去戳穿那层纸呢？

婚后的第一个情人节，丈夫送给她一条项链，并说这是正宗的水晶项链，是他特地用奖金买的。但是聪明的菲清楚地知道，他们俩刚刚买了房子，还房贷的压力就让他们资金紧张，丈夫又刚刚入职不久，缺少经验，哪里来的奖金？凭她的经验，这条项链在地摊上最多也就二十块钱。但是她并没有拆穿这一切，毕竟是丈夫的一片真心，于是她满心欢喜地接过来，并给丈夫一个深深的吻。

丈夫也会谎称加班，和朋友们喝酒聊天。但是菲清楚男人也有自己的圈子，也需要自己的空间。好多次丈夫都是喝到深夜，醉醺醺地回家，而她依然在等他，并劝他工作别太累，喝酒也要有所节制。

正因为菲给了丈夫理解和宽容，并且为他留出了足够的面子和空间，丈夫对她也越发关心和疼爱了。

其实，面对一些无伤大雅的非原则性问题，女人就不妨装装糊涂，大事化小，小事化了，这样会让男人感到你对他的尊重，更可以避免因为一点儿小事而点燃战火，得不偿失。久而久之，男人会觉得你是一个大度、体贴、善解人意的女人，俩人之间的感情也会越发深厚。

每一个人的心底都会珍藏一段过往的回忆，男人也不例外。但是如果你因此而计较他的过去，那无疑会催生你们当下关系的裂痕。毕竟拿对方的过去与现在来比较，没有丝毫的可比性，即使时过境迁，谁又可以说哪一段感情中没有真爱过。重要的是珍惜彼此的当下，才会让爱情走得更远。

女孩帮男孩清理房间的时候，发现了男孩抽屉里有一枚戒指，上面刻有他和另一个女孩的名字。这枚戒指一直被他细心地珍藏着，直到今天，女孩才发现这个秘密。

女孩问男孩，男孩坦言这是和初恋女友的定情信物，他们分手后再没有联络过，他只是想把它留作一个纪念罢了。

女孩不满："为什么不扔掉它呢？莫非说你对她还念念不忘？那跟她相比，我在你心里是什么呢？"

"你在我心里有很重要的位置啊！"

但是女孩并不满意这个回答，两个人大吵一通。后来，因为男孩并不想扔掉那枚戒指，女孩一直耿耿于怀，最终两个人的感情裂痕越来越大，便分手了。

男孩离开了这个城市，临走托人带给她一块玉佩，附有一张字条："纪念我们曾经的爱情。"

女孩不解，分手了还要送礼物干什么呢？但是那块玉佩她还是一直放在抽屉里。

后来，她结婚后，丈夫是一个很体贴的男人，富于幽默感，两

个人的感情一直都很融洽。

一天，她和丈夫回娘家吃饭，丈夫无意中看到那块玉佩，惊叹道：“这么美的玉佩，怎么就没见你戴过？”

她笑笑不语。

丈夫猜到了：“是你前男友留给你的吧？说起来我前女友分手时也送过我东西呢。”

“那我怎么没见过？”

“一直放在乡下的老家里呢。爱是生命中每个路口不期然的相逢，无论是否开花结果，都会是一段美好的经历。她送了，我也就珍藏了。但这并不影响我爱你，如同这块玉佩不会影响你爱我一样。”

女孩记起当年因为戒指发生的争执，心中顿感羞愧万分。

优雅的女人，不会去吃对方的醋，因为她明白，其实应该感谢他的前女友，将他打造成一个成熟体贴的男人。没有必要因为他的过去而占用现在的时间，毕竟谁都会有过去，而只有你和他在一起的当下，才是你们该好好经营的时间。

在婚姻中，女人的猜疑心理往往比男人更重，当然很多时候是为了保护自己的婚姻和家庭不受破坏。但是一旦过度，往往会适得其反，原本美满幸福的家庭可能会因此土崩瓦解。

小赵的丈夫在公司负责销售工作，因此难免有应酬。丈夫常常需要出去陪客户喝酒，有时半夜还没有回家。因此小赵也经常和丈夫吵闹，但是这些都无济于事。

后来，丈夫因为工作原因调去上海，两个人就异地分居了。中秋节小赵去上海看丈夫，吃饭时看见丈夫餐桌上有一根长头发，小赵自己是短发，所以肯定不是她的。

小赵生气地问丈夫："说吧，这是谁的头发？"

丈夫看了一眼，很冷静地说："这应该是那位保洁阿姨的。"

小赵不信，不依不饶："算了吧，保洁阿姨会这么时尚吗？多半是你在外面养情人了吧！"丈夫见此情景，只好摇摇头不作回答。

第二天，小赵看见保洁阿姨，果然是一头长发，还烫了个时髦的发型，心中不由得暗自后悔，确实是自己多心错怪了丈夫。尽管她向丈夫道了歉，但是这件事让俩人之间产生的隔阂已经很难消除了。

女人的多疑总会由量变引发质变，将丈夫一点点推离家庭，因为他会感到自己在家中得不到信任，妻子与自己越来越疏远，于是就索性将自己封闭起来，与你保持若有若无的联系，那样就真正违背了你的初衷。夫妻两人同床异梦，这是最令人难堪的情形，而作为妻子又何必为此推波助澜呢？不妨尝试多一些包容和理解，家是一个栖息的港湾，是让安顿人心灵的地方，而并非是双方的战场，不必视对方如敌人，时时警惕，那样家庭与职场恐怕也就没有多少区别了。

一

适当地示弱，占尽风头也会使人尴尬

做个女强人看似是风光无限，可是未必能够保全女人本身的优势。不只自己生活得太累，而且当你一个人在台上占尽风头时，焉知其他人在台下不暗暗叫苦？留一点表现的机会给别人，这也是一种仁慈。

这个时代，很多人都羡慕女强人的独立、精明、干练，但是你会选择做女强人还是强女人呢？不要看这三个字只是改了一下顺序，意义可大有不同。女强人有着巾帼不让须眉的风范，足以独当一面，无须男人来保护，但在婚姻上往往很难幸福。而强女人不同，她们有着自己的独立，虽然未必有女强人在事业上的成功，但是至少可以衣食无忧，并且有着强大的内心，外表却未必不会示弱。

女人可以优秀，但是不必表现得过于强势，尤其是在家庭中。即使在公众场合，如果过于争强好胜，将别人的风头占尽，也会很尴尬。有时示弱一下，请求别人的帮助，并不会使你显得低人一等，相反在给别人以发挥能力的空间的同时，也会让别人觉得你很可爱而非只有高高在上的可敬。

小丹自从少女时代就立志要成为一个女强人，所以无论什么事情她都要自己动手，即使不会也要强迫自己学会。

高中那年的一次暑假，她和一位女伴同去看画展，路上下起雨来，公交车的天窗不停地漏雨，小丹伸手想把天窗拉下来，却无奈力气不够，天窗纹丝不动。女伴朝旁边一位年轻男士笑了一下，很有礼貌地求助：“帅哥，可以帮我们拉一下天窗吗？”男士爽快地走过来，一伸手就将天窗拉下来了，使车内免遭“雨灾”。女伴向小丹微微一笑，小丹突然若有所悟：其实只是一句话的问题。

女伴平日里也会微笑着向男生求助，比如，大扫除的时候打水、倒垃圾，图书馆里帮忙取下拿不到的书。而每次事后女伴也都会甜甜地说声“谢谢”，男生们也都乐于伸手相助，也常常会主动上前帮忙。

女伴对小丹讲：“独立是件好事，但是也得分场合。如果有男生在的话，你还执意要自己承担，那就有点儿麻烦了。因为男生在一边看着心里也不会很轻松的，你累得满头大汗，也许心里很自豪，而他却两手空空，人们的目光投过来，人家心里也会觉得尴尬的。”

渐渐地，小丹也不似往日的逞强了，她发现这样生活反而轻松了许多，当你向男生求助时，男生其实很乐意效劳，而且是送佛送到西。

大学毕业，搬家正是个繁重的活，小丹本来请求一个男生帮忙搬家的，男生临时有事来不了，后来觉得过意不去，几次向她道

歉。小丹说没有关系，其实自己也可以搬的，男生很生气地说："就算你能搬，这也应该是让男生做的事，而不是你能不能做的事。"

很多时候你也许害怕麻烦别人，其实多虑了。别人在帮助你的过程中实际上是收获了对自己的认可。而女人事事独立，反而失去了自己作为女人的优势，因为你本来可以不必一力承担那些别人可以帮你分担的重荷。

在工作中，学会示弱也是对自己的保护，更是人际关系的一味调和剂。

蓉刚刚来到公司的时候，老板承诺半年内业绩名列前茅的员工就提升为销售助理。自然，这对蓉来说是一个不可错失的良机，所以她每天都为此而努力工作。

蓉也确实一路领先，得到老板的表扬。可是她过于崭露头角，总是咄咄逼人难免令其他同事心中不悦，也让她成了众矢之的。大家总是会不约而同地将矛头指向她，而她势单力孤，部门经理也忙于工作视若无睹。蓉无奈之下向老总哭诉，但是老总听完她的陈述之后，语重心长地说："年轻人最忌养成锋芒毕露的习气，无论到什么时候都要尊重前辈，与同事们和谐相处。你的努力是大家有目共睹的，但是为人处世是比这些更重要的学问。"

职场固然需要工作的热情，但是锋芒毕露，咄咄逼人，往往容易走下坡路。在前辈与同事之间，放低姿态，适当示弱还是很有必要的。当你谦逊到忘却自己的时候，其实就是众望所归的开始。

也许你在职场是万众瞩目，但当你回到家时就不妨多一点儿小鸟依人的姿态，须知不要把职场的架子带到家里来。

婷婷在公司里是副总，作为一个优秀的女人，自然少不了众星捧月。但是回到家里，她就是一个“小女人”，而且对丈夫有种特别的依赖。

无论工作中遇到什么问题，她总会咨询一下丈夫的意见，请他给自己支着。这让周围的同事、朋友都格外羡慕，觉得婷婷的成功与她丈夫的支持密切相关。

公司的聚会，婷婷也会带着丈夫一起去，众人纷纷夸赞：“有这样一位老公支持，想不成功都不可能啊！”

婷婷的丈夫闻听此言，心中也倍感自豪，妻子给自己挣足了面子，还奢求什么呢？

女人无论在家还是在外，适时地学会示弱，总不会错，毕竟这是属于女人独有的优势。

邻里体谅，何必老死不相往来

虽说邻里关系在今天看似已经疏远了许多，但是处理起来也有几分微妙。家长里短总难免，口角纷争也寻常。但是既然比邻而居，又何苦闹到“老死不相往来”的地步呢？

俗话说“远亲不如近邻”，虽然如今高楼大厦林立，在钢筋水泥之间，邻里的关系似乎比过往的年代疏远了许多，但是对于亲戚可能分散在不同的城市抑或是异国他乡的人来说，与邻居见面的时间要远远超过亲戚。

邻里之间，难免也会有摩擦，然而，让一让，六尺巷，能够成为邻居，也是一种缘分，何必一定要闹到老死不相往来的地步呢？

林悦与丈夫搬来这个小区，也是看上了这里环境好，孩子上学方便。为了给孩子营造一个良好的成长环境，夫妻二人咬咬牙就在这里买了房子。

自从搬来之后，林悦一家和其他家庭一样，回到家就关上门，自成一个小世界。与邻居不过是在电梯里碰到寒暄两句，此外再无多余来往。

这天，丈夫加班，林悦在家打扫卫生，孩子看动画片兴奋起来，在地上又叫又跳。

不久，有人敲门，原来是楼下邻居。对方隔着门喊道：“拜托小点儿声好不好？我们被吵得都没法看电视了。”

林悦急忙开门道歉，又将孩子训了一顿，对方才生气地下楼了。她心里暗自嘀咕：“看来是家里没有孩子，有孩子怎么可能安静下来。”从此对楼下邻居也有些不满。

几天之后，邻居再次找上门来。这次是因为林悦的孩子在家和伙伴们玩耍，最后踩起了气球。林悦一再警告，仍然无济于事。

邻居上来气冲冲地嚷道：“你们这是要揭房盖吗？这么大的动静。”

孩子们早被吓得躲进小屋里了。

林悦解释：“孩子太小不懂事，玩嗨了就什么都忘了。”

“小孩不懂事，大人就不管了吗？好不容易在家休息，不能让我们安静一会儿？”

“我们也是晚上刚回来，谁还能成心挑你在家的时候闹不成？”

“自己孩子没管教好，还横得有理了，这都是什么素质！”邻居说完，扬长而去。

林悦回到屋里，颇为气恼：我平时管教孩子已经够严的了，没想到还是惹得一遍遍来找。家里有小孩弄出动静是难免的嘛，互相体谅一下不行吗？

从此，林悦和邻居即使在电梯里相遇也不愿正眼去看对方，而且林悦还向丈夫抱怨这个小区的人素质太差，看谁都不顺眼。

有个周末，家里的米面油都快吃完了，丈夫出差，林悦只好自己开车去超市买。离开时还可以，回来时正是停车高峰，林悦的技术到这时就显得捉襟见肘了，反复几次都停不进去，弄得她一头大汗。

正在这时，邻居刚停完车走过来说："我来帮你吧。"

林悦虽不情愿，但也只能如此。

邻居干净漂亮地把车停好，看见林悦拿出大米、豆油、蔬菜、水果，说："这么重你一个人怎么拿？我帮你提上去吧。"

两个人进了电梯，简单地聊了几句后，林悦才搞清楚：原来邻居的妻子患有神经衰弱，所以特别怕嘈杂的声响。

知道缘由之后林悦深感歉意，也理解了前几次邻居为什么那么生气。想想是自己太小心眼了，人家却不计前嫌来帮忙，比自己大度多了。

从此，林悦特意嘱咐孩子不要在家吵闹，以免影响楼下阿姨。两家人也和睦相处，每次见面都会笑着打招呼，邻居还会时不时地逗逗林悦家的小孩。过往的不快，就这样简单地化解了。

林悦差一点儿就和邻居"老死不相往来"了，当误会化解之后，两家之间都无心结，友好和睦，见面也心情舒畅，何乐而不为呢？

更何况当遇到急事，家人恰巧没在身边时，此时在邻居这里你会感受到温暖的人情味。

芳芳和对门的邻居因为摆放物品有过几次争吵，后来索性见面也如同陌生人一般。

但这天芳芳没带伞，下班的路上被雨淋透了，回到家发现自己将钥匙忘在了单位，敲门很久才想起家中没人。

精疲力竭的她正准备给丈夫打电话，邻居家的门开了。女主人见她浑身湿透，沏了一杯姜茶送过来：“赶紧喝了吧，散散寒气。”随手递来一块毛巾，让她擦擦头上的雨水。

见芳芳冷得浑身发抖，女主人不由分说拉她进屋，让她冲个热水澡，又找来自己的衣服让她换上。

幸亏有了邻居的照顾，芳芳第二天没有感冒发烧，不然以她的体质，恐怕早就去医院打点滴了。

芳芳感动不已，事后带了一束鲜花登门道谢。后来，她和邻居成了无话不谈的好朋友。

在柴米油盐的生活中，你会愈发感受到邻里温情的暖心。城市里的人多半孤单，好邻居堪称是修来的亲戚，在看似寻常的日子里，却可以在友善与互助之中，将日子过成满地繁花。

二　要小性子也要适可而止

适当要要小性子，会增进你与恋人或丈夫的感情。但我们也不能自恃是女人，耍起小性子来就泛滥成灾，那样只会适得其反。

女人要要小性子无伤大雅，有时还会让你的另一半觉得你娇憨可爱。在这种情况下，要要小性子有利于增进两个人的感情。

但是要小性子也要适可而止，如果不分场合，同样也会给彼此带来尴尬。故而要小性子虽是女人的权利，但是也要拿捏好分寸。

在现实生活中，热恋中的女孩往往喜欢要小性子，在男友面前任性执拗，让对方又爱又无奈。但是若任性过头了，反而会给自己的感情埋下隐患，得不偿失。

对于男人的承诺，女人不能过于较真。很多时候，男人会一时敷衍，毕竟他们害怕女人的情绪化会使事情恶化，故而不会轻易讲出自己的真实想法。而女人倘若得理不饶人，抓住一点便不肯放手，往往会因此导致双方分道扬镳。

当然，我们还常常会忽略两个人的差异性，埋怨对方为何就不懂自己的想法，不能跟自己一样，其实这不过是因为双方都是独立的个体。而我们自己心里的想法，怎么会那么容易被其他人读取呢?

在两个人的关系中，更多的应该是平等和互动，如果关系不对等就麻烦了。这种情况实际上就好比“只许州官放火，不许百姓点灯”，如果你只要求对方包容你的一切，不许有任何的反击，那么感情就会成为一种束缚，爱也不再是幸福，反而会让对方无法忍受。

从以上种种情况来看，耍小性子本来无可非议，可以调剂感情，但是如果一发不可收拾就糟糕了。不要说恋爱中，即使是婚姻中也是如此。

这天，她和丈夫吵了架，一赌气，索性回了娘家。

母亲看出她不痛快，便悄悄问她是不是两个人闹别扭了。

于是，她便说了丈夫在家如何不做家务。

母亲笑了:“你看你爸虽然不做饭，可是家里很多事是他去办的呀，电费、水费、银行等等事情，我不愿去跑腿，他就全包了，而且一句怨言也没有。他喜欢听京剧，不爱做饭，那我就自己做饭也没什么呀，何必还要强迫他，让他不高兴呢?”

听着母亲的话，他往日的好浮现在她脑海里:为了帮助她找写作灵感，他时常会开车带她去野外兜风，哪怕雪夜他也会陪她出去散步。有一次，她想吃鸡蛋羹，他不会做，就打电话给朋友学着做，一次没做好又做第二次。想起今天是他生日，她匆匆赶回家。

回家刚一进门，他就拉她来到厨房，原来满满一桌子都是她爱

吃的菜。看着眼前的这一切，她早已泪流满面。

在家庭中，纠结谁的对与错并没有多大的意义，毕竟维系两个人在一起生活的，依旧是情感的纽带，我们又何必非要用自己的小性子去切断它呢？

8件傻事不要做

1. 自作聪明

“机关算尽太聪明，反误了卿卿性命。”毕竟此生有涯知无涯，我们还难以穷尽这个世间的奥秘，自以为是的小聪明，在宇宙面前无非沧海一粟。瞬息万变的轮转，永不止步，在万物运行的伟大力量面前，我们终归还要有一颗谦虚敬畏之心。

2. 炫耀财富

自古以来，“为富不仁”似乎已成为中国人的思维定式，小富即安，便是福报。纵有万贯家财，也不必显山露水，毕竟但凡财富总有散尽的一天，倒是“富不润屋德润身”，还是要为子孙后代积下功德。否则一味炫富，也将大祸临头。

3. 只赢不输

一个人总是占尽风头，难免会让人心中不平衡。以退为进，以输为赢，未尝不是一种大智慧。至于一些无谓的争论，输赢更是没有多少意义。而在双方之间，最好的选择当然还是双赢，互惠互利才是打造和谐人际关系的基础。

4. 占小便宜

“吃亏是福”已经是老生常谈，但并不过时。而贪小便宜吃大亏，向来都是悲剧的起点，毕竟天下没有免费的午餐。若因为善良不小心而上当受骗，也不必耿耿于怀，因为坏人早晚都会得到应有的惩罚。

5. 贪图享乐

有句话说："被窝是青春的坟墓。"大好年华，不要让贪图享乐腐蚀了你积极进取的壮志雄心，倒是辛勤劳苦，能够让你的身心在磨炼中更加坚强。

6. 沽名钓誉

名誉的光环其实会让你不堪重负，而如果你为了它不择手段，自己也会身心俱疲，更重要的是流言蜚语会从此而生，扰乱你生活的宁静。因此平静淡泊反而会更接近人生的真谛。

7. 盲目悲观

无论何时都不要妄自菲薄，自信的力量会帮助你在不断地调整之后找到自己应有的位置，只要你从未看轻自己，就依然可以成为满天星光中明亮的一点。

8. 追名逐利

功名利禄终究不过是浮云，如果为此失去自己的健康，那可谓是血本无归。毕竟只有健康是1，其余都不过是无限个0。只要给自己留下青山，人生依旧有无限的可能。

章首语

在红尘俗世中，唯有淡泊，才能让你在这“墨悲丝染”的社会中持身如玉。浮华散尽，唯有日常的生活不曾惊扰了如水的静谧，“若能杯酒如名淡，应信村茶比酒香。”男儿尚且有如此觉悟，女儿又何必乱入竞斗场中，利令智昏，失了自知之明呢？

第七章

女人淡泊远浮华，不争不羡是自知

一

平步青云后，一落便是千丈

不少女人，心里都朦朦胧胧有过薛宝钗“好风凭借力，送我上青云”的憧憬。每一个女人都会对自己的未来有着美好的幻想，这在情理之中。但是她们可能没有听过另一句诗：“跻攀分寸不可上，失势一落千丈强。”巉岩绝壁向上攀登寸步难行，而且一旦失势便会一落千丈坠入深谷。诗人写得有些夸张，却不无道理。

多少人都希望自己的人生道路一帆风顺，没有坎坷，但是现实显然极少有这样的幸运儿。谁都艳羡那个高高在上、受众人瞻仰膜拜的位置，因为那里居高临下，可谓是“一览众山小”，但是同样有一点不容忽视的是“高处不胜寒”。或许真的到了那个境地，你会发现很难棋逢对手，有种孤独求败之感。而重要的是，一旦跌落，便是天壤之别，你又能否承受这种落差呢？

刘君在学校可谓是出名的优等生，不但成绩出色，年年都能获得特等奖学金，而且她还是一位全能型选手，学校的各项活动，总有她的身影。她因此成为众人仰慕的对象，大家也都认为她自我感觉无比良好。

但是大家平日见到的刘君难得有欢笑的时候，她总是一个人独来独往，出入于图书馆和自习室之间。没有谁见过她与哪个男生携手漫步校园，也很少有人看见她将自己从学习中解放出来，过一个轻松的周末。哪怕是节假日，她都会利用难得的休息时间去读英语。

毕业时，刘君在考研中拔得头筹，以全院第一的成绩被某著名高校录取，但仅仅半年时间她便退学了。

在日记中她倾吐了自己的苦闷，她说，多少年来，成为第一仿佛就是一道魔咒始终在控制着她，并将她推着加速前进，而前方却是一片荒无人烟的清冷之境。这么多年来，她未曾享受过普通人的生活，也忽略了路上的许多风景。在他人的赞美与掌声中，她渐渐觉得空无一物，想要适时地退出。但是她已经在别人的目光中走了太远，如何能够容忍就这样抽身而退呢？她感觉自己仿佛走上了一条不归路，等待着她的是冰火两重天的结局……

最终她在这些重负之下，只能选择退出，这对她来说也许恰是最明智的选择。

当我们在唱“飞得更高”，追求“怒放的生命”的同时，未必要为了心中的巅峰不遗余力，毕竟世上的事情不是“一万年太久，只争朝夕”就能完成的，而当你攀上山巅，回望来路时，又会被另一个目标所召唤，于是你的一生总是在征服的路上。而走得越高，一旦摔下，你粉身碎骨的概率也将越大，一蹶不振之后，你是否还有足够的后劲儿去追赶别人？

其实，人生永无终点，你所认为的目标，不过是漫漫长路上的一个又一个驿站。你不必慌张赶路，放慢脚步，你会发现，原来最美的其实是过程中被无视的风景，而只要你用心努力了，一切都是一场经历，那么又有什么遗憾呢？

相反，当你身处精英阶层时，强大的社会关注度也会给你带来高压，让你的弦一直处于紧绷状态。长此以往，当你过度消耗自己的精力，健康、亲情也会不同程度地受到损害，毕竟在这个年代，过劳猝死已经不是稀有的新闻，而精神的富足与快乐更远非金钱能够埋单。

因此，倒不如学学古人的心态："宠辱不惊，看庭前花开花落；去留无意，望天空云卷云舒。"

唐太宗时，卢承庆奉命考核官员，评定等级。所有官员深知此事关系到自己的仕途，于是都格外重视，如临大敌。

偏偏有一位运粮官不以为意，正巧一次运粮途中暴风来袭，部分粮船沉没水底，造成如此损失，卢承庆便给他评了个"中下等"。

得知消息，运粮官并无痛苦懊恼。

卢承庆一看，此人还是很有雅量，转念一想运粮损失毕竟非人为因素，这是不可抗力带来的灾害，又将他的等级调为"中等"。

此时的运粮官，虽说官升一级，可他神色如常，并无半点儿欣

喜的表现。

得知此事，卢承庆由心而生地赞叹：“这是难得的宠辱不惊啊！”于是再次调整考核等级，将他改为了“中上等”。

正因为运粮官看淡名利得失，所以能够避免为之束缚，不堪重负。对他来说，升降浮沉，自是人生常态，所以不会去汲汲追求外界的名利光环。保持一颗平常心，淡看人世风云，便能够安然处之，不惊不扰，独留内心的一泓明澈秋水。

不要攀比他人，你有你自己的美好

俗话说：“人比人，气死人。”此话不假。快乐不是在攀比中产生的，毕竟很多事物并不具备可比性，相反，正是因为个体的差异性才有了这个世界的千姿百态。每个人都有自己的美好，它们都有存在的权利，谁知你不会是自在丛中笑的那一枝呢？

很多人总是喜欢望着别人园子里的姹紫嫣红，却对自己脚下翠绿欲滴的小草视而不见，用人们常说的一句话就是“这山望着那山高”。但是习惯性地向他人看齐，由于人的高矮参差不齐，有的或许你踮一下脚就可以了，有的恐怕你得跳一跳，再有的没准你得踩高跷……这都是何苦呢？

世间的攀比，多似此类，偏偏又层出不穷。

弗兰克有一篇论文《多花少存：为什么生活在富裕的社会里，却让我们感到更贫穷》，其中谈到一个有趣的问题：一个人需要多大面积的房子呢？答案是：根据邻居拥有的住房面积而定。倘若邻居住着巴掌小屋，那他就不需要有太大的房子。

总是与别人攀比着，自己的心情当然不会好。女人受到的影响更大。

“你看她什么都没干，凭什么比我挣得多？”

“升职这么快，莫非跟老板有关系？”

“别看她事业成功，家庭恐怕是后院起火呢！”

“你看看，情人节老公送了我999朵玫瑰！”

“那有什么值得羡慕的，我家老公直接送了我一条钻石项链！”

“都是小意思，我老公买了栋别墅，陪我直接来了个欧洲游！”

比完老公了，孩子也不能幸免于难。

“你看你，怎么就不能像人家那样多参加点儿比赛，拿个奖杯回来？”

“一天就知道玩儿，脑子里怎么就不打算点儿长远的事呢？”

“你看人家姑娘就是乖，哪像你这么不省心？”

于是乎，无论是在职场还是在家庭，没有不怨气十足的时候。

其实，每个人都有自己的生活轨迹，为什么一定要达到同一个终点呢？那样人生就不再丰富多彩，而只能变成一场你追我赶的竞赛。为什么要这么着急而不好好体味人生的多姿多彩呢？你有你自己的美好，焉知别人就不会艳羡你的“采菊东篱下，悠然见南山”？

相反，比来比去，只会给自己徒增烦恼和负累。

小慧的丈夫可谓是精明干练，在单位工作能力出众，在家对她也格外体贴。可是小慧并不满足。今天看见同事买钢琴了，她也要；明天看见对门邻居出国旅游，她也缠着丈夫带她去玩一圈。丈夫都尽量地满足她的要求。

结果，就在他们结婚纪念日那天，俩人闹僵了。当时他们去酒店，另一对夫妇也在这里，丈夫为了给妻子庆祝生日，送上了一大捧玫瑰花，并且还有一枚精美的钻戒。这一幕让小慧羡慕不已，同时心里又生出巨大的落差来。从酒店出来，她向丈夫抱怨了一路，嫌丈夫不够重视他们之间的感情。

丈夫终于无法忍受这种攀比，和她离婚了。一年之后，小慧见到他和现任妻子在一起，很甜蜜的样子。但是那女子并没有小慧长得好看，小慧很纳闷前夫为何娶了她，便找了个机会问他。他的回答是这个女人从来不将他和其他男人做比较，他在她心中始终是独一无二的，无论他为她做什么，都会让她欢喜不已。

小慧听完，明白了男人最怕的是拿自己和其他人比较，但是这个教训来得太晚了。

俗话说“人比人，气死人”，其实每一个人都是世间无可复制的存在，有其独一无二的意义，那么为什么要彼此攀比呢？比来比去，只会让这个世界更加单调趋同，那也就了无生趣了。

女人如何才能避免成为攀比的奴隶呢？

1. 要学会承认自然万物的差异性

每个人都有自己的见解，也都有自己的人生之路，但是那种自身散发的魅力是其他人都无法替代的。走自己的路，活出自己的精

彩与幸福，就足矣。

2. 攀比之心上来的时候，有意识地寻找平衡

不要总拿自己的弱项去比别人的强项，那样比起来必然一无是处。要知道有缺点的人是被上天咬过一口的苹果，这正意味着上天对他偏爱有加呢！

3. 不要总是苛求完美

子非鱼，安知鱼之乐？同理，当你看到别人光鲜耀眼的时候，未必知道这背后的个中烦恼，只怕别人还要暗地里羡慕你呢。做好最优秀的自己，又何必去仰视别人呢？

快乐的天平不因财富而倾斜

在快乐的天平上，金钱并非唯一的砝码，当你的心灵有了宁静与波澜不惊后，金钱也无法令它倾斜。

金钱的出现无非是让人们更便利地生活，但是现在很多时候人们反而成了它的奴隶，每日疲于奔命，似乎这样能得到更多的快乐。但是，真正的快乐与财富无关，财富能带来的快乐只占15%，而且还只是在你积累财富的早期阶段。剩下85%的快乐，实际上来自心灵与精神层面。这样看来，物质财富确实不能人人平等，但是生活快乐可以人人平等。

古希腊有位哲学家名叫第欧根尼，他在旁人的眼里很容易被视作一个精神病人。他半裸着身体，喜欢躺在光滑的路面上，赤着双脚，不知道的人会将他看作一个乞丐。他每天早上，会在公共喷泉旁边洗一把脸，再向路人讨几块面包，然后就在路边蹲下享受自己的早餐。他没有居所，一只大木桶便是他睡觉的地方。

后来，亚历山大征服了希腊，所到之处都视他如天神，但第欧根尼拒绝去见他。

亚历山大决定亲自造访，当他走向那被人们称为“狗窝”的木桶时，第欧根尼只是用一只胳膊支着自己的身体看着他走近。

亚历山大向他致以温和的问候，问是否可以帮上他什么忙。

“当然。你站到一边，因为你挡住了我的阳光。”

此言一出，众人都惊讶了。亚历山大转过身来，说：“倘若我不是亚历山大，那我宁愿做第欧根尼。”

虽然第欧根尼一贫如洗，但是谁能说他不比亚历山大更快乐呢？他所拥有的简单生活甚至让亚历山大都羡慕不已。

快乐的天平，不会因为财富的多少而相应地倾斜，甚至有可能适得其反。

有位国王坐拥天下，照理他应该满足了，但是他偏不，他自己也很纳闷。

这天他来到御膳房，听见里面传出快乐的歌声，原来是一位厨师在唱歌，厨师的脸上洋溢着快乐。国王问他为何如此快乐，厨师答道：“陛下，我不过是位厨师，但有一间草屋可以遮风避雨，衣食足以温饱便足够了。妻儿快乐便是我的精神支柱。”

国王对宰相谈及此事，宰相的回答是：“这位厨师看来还没有成为‘99一族’”。

国王疑惑不解：“什么是‘99一族’?”

宰相回答：“陛下，您想知道的话，可以把一包99枚的金币放在这位厨师的家门口，您很快就会知道答案。”国王照做了。

厨师拿到金币欣喜若狂，回到屋里清点的时候发现只有99枚。“不会吧？谁会只装99枚金币呢？应该还有1枚才对啊。”他所有角落都搜遍了，也不见金币的踪迹。于是，他决定更加努力，把那1枚金币早日挣回来填补这个缺憾。

第二天，厨师起来得比往常晚，他对妻儿发脾气，责怪他们没有早点儿叫醒他。

他来到御膳房，也不哼小曲了，只是埋头干活。

国王问宰相为什么会发生这样的变化，宰相答道：“陛下，他现在已经正式加入‘99一族’了。这类人只为了那个额外的‘1’而拼命工作。他们竭力追逐那个‘1’，却不惜付出失去快乐的代价，这就是‘99一族’啊。”

厨师得到了财富，可是快乐不增反减。在追求快乐的道路上，我们不能迷信财富一定会带来快乐，更多的还是在于自己的心态。

有位富商的妻子，生性争强好胜，在她的词典里，似乎只有“赚钱”这两个字。她每天回到家就是打开电脑处理生意上的业务，赚钱几乎是她唯一的癖好。

即使疲惫不堪，她也不肯稍事休息，结果自己长期处于疲劳状态之中。

她丈夫本不想让她这么劳累，因为自己完全有能力养她，可是

她从来不肯听他的劝告。午夜之后，她还坐在电脑旁边已经成为家常便饭，有时还会听见她不停地咳嗽。在计算过程中哪怕是少了一美分她都不会放过，会一直追查到找出为止。即使丈夫有时故意在地上扔下一美分，她也都会识破，然后继续寻找，哪怕彻夜不眠。

诚然，她是拥有很多金钱，可是同时也输掉了生活的快乐。日常的一粥一饭，爱人的呢喃，孩子的依偎，晨风朝霞与落日斜晖，和家人一起看满天星辰，这种快乐是金钱都难以买到的。

赚钱本来是为了提高生活的品质，在日益物化的社会里，保持一份日常的快乐也是一种幸福，烟火红尘里，此心安处，未必就是金山银山。

女人最有魅力的10种特质

1. 自然

自然的女人不会矜持而局促，也不会为了打造淑女的气质而邯郸学步，她就是她，不一样的烟火。

2. 真诚

一声感谢，看着对方的眼睛诚挚地说出；一个拒绝，坦然地说声抱歉，谢绝对方的邀请不需借口；一次喝彩，那是你为对方获得成绩由衷的喜悦。

3. 矜持

矜持是一种自重的态度，是一种公主般的高贵，是一种若有所思的稳重，犹如音乐中舒缓的旋律。

4. 赏心悦目

也许你不是国色天香，但你依然可以赏心悦目。这与美丽无关，而是要干净、精致，与自己的气质和谐统一。

5. 情趣

关乎天分，却也离不开后天的修炼。会用你内心的快乐来带动气氛，讲笑话、唱歌，跟大家一起嗨。

6．善良

善良并非软弱和退让，而是你能伤害别人却绝不加害的一种品质。纵使分别也会云淡风轻，静水无波。

7．平和

闹市间谁来筑一间静谧的客栈，让人在匆匆劳碌中找到栖息之地？内心平和的女人会让自己的心不再漂泊，她静守内心的安恬，无怨无争，任岁月流转，她温柔以待。

8．坦然

面对世相的真实，她可以坦然接受，泰然处之，在清醒与真实中淡看世事无常，从容悲喜，却又懂得如何接纳世间赠予的一切。

9．聪慧

聪慧无关学历，却与思维方式相关。它是在丰富的人生阅历之后日渐澄澈的世事洞明、人情练达，同时也是对红尘世界早已了然于心的慧根。

10．精致

未必有珠宝首饰，未必有名牌服装，简净的生活，同样可以过出一种情味，注重生活的品质，懂得对美的欣赏，也是一种精致的生活态度。

章首语

浮躁的世界里，众声喧哗，而女人身处其中，守得内心的宁静，纷繁喧嚣也难以惊扰她的内心。随着岁月的逝水长东，女人的心性也在宁静之中养成。浮躁的社会里，你方唱罢我登场，然而女人不妨坐在台下看演员们走马灯般来来去去，她的目光直指内心，在那里，澄明无碍，万物如在镜中。

第八章

女人宁静最养心，远离浮躁常自省

平静是最好的疗愈师

世事纷繁，许多人常常叹息“树欲静而风不止”，虽然一心向往不受干扰的生活，但是偏偏事与愿违，各种事务接踵而来，让人们直呼“压力山大”。

人生总有高潮和低谷的时候，然而无论何时，都需要调节自己的身心状态，过喜伤心，过悲伤肾。但仍有很多人应对不及，匆忙之间未调整好自己，于是身体和心理就出现了不健康的投射。

其实，无论何时，平静都是最好的疗愈师。有一方心灵的宁静，会缓解你的焦虑和紧张，也会减少人们在这个快节奏社会里受到的伤害，给自己一个喘息的空间，以更好的状态去迎接太阳的每一次东升西落。

毕竟人生有限，那么我们何不用平静的心态让岁月生花？

有位大姐，买房后时常抱怨装修的压力太大。终于房子装修完毕，却又为出租的事情苦恼。房子租出去后，公婆来家里小住，她还是倍感烦恼，毕竟老年人有些习惯年轻人不适应，而且还希望有夫妻二人的独立空间。

年底公婆回去了，三口之家的幸福又回来了，可是她又因为孩子的考试成绩不理想而担忧，担心孩子明年中考不能考上一个重点高中。

她确实不用每日上班挣钱，老公对她也关爱备至，可就是这样一位全职太太，患上了抑郁症。有时她会感叹："人生这么短暂，为何就让我不得安生呢？"

其实，不是生活不让你安生，而是你没有将平静种在心田。那些日常琐事，无非是人人皆会遇到的家长里短，是红尘里的一份修行。心若平静，处处皆可是青山绿水。都市繁华，不过是人间幻象，于心境又有何伤？只要波澜不惊，谁又不能在心中修篱种菊，构筑心灵的诗与远方？

只是我们往往被高速运转的生活弄得晕头转向，不自觉地抛弃了那份宁静之心。

一位年仅二十五六的白领，被问及休假想做什么时，恨恨道："休假？还不如退休呢！每天忙得脚打后脑勺，加班更是家常便饭，到了周末只想好好补觉，但是又会觉得不出去玩太浪费机会。可一旦出去玩也是累得要死，穿过人山人海挤地铁、公交，还很可能没有座位，要站上几个小时，更是累得筋疲力尽，现在我发现自己越来越体力不支了。"但是为了有一份稳定的收入来支撑生活，她依然要强打精神继续忙碌下去。

很多时候，我们常常为生活所迫，不得不放弃内心的那份宁静，其实只要心里的空间是属于你自己的，安排业余的生活也绝非只有游玩，哪怕静静地品一杯茶，坐一个下午，听听悠扬舒缓的乐曲，随手翻一本杂志，摆弄几棵盆栽，心中也会生出如莲的静谧，这个世界没有什么能打败你内心的宁静。

有一位朋友，他每天下班后，进门的第一件事是打开电视与电脑，电视节目中间插播广告的时候，他就冲进屋里打游戏，妻子一喊“开始了”又一阵风般冲出房间，以至于下班后几乎没有一分钟休息过。上班与下班都如陀螺一样旋转无法停止，一旦停下来，焦虑就会占据他的内心，所以他就索性让自己累得支持不住才肯上床睡觉。

这位朋友，是自己选择了一种整日忙碌的生活状态。当人们习惯了高速运转的状态，一旦停下来进入静止时，便会觉得无聊，更准确地说是紧张与焦虑。然而这种状态是不利于有效吸收来自外界的各种信息的，同样也不利于向内的静观自我。大脑不停地工作，新信息覆盖旧信息，信息无法得到有效的沉淀，久而久之，只会加重紧张与焦虑，使自身进入一个恶性循环的过程中。

当心境不静的时候，不妨仰望天空，或者俯视水面，久了便会生出一种空明澄澈之感，所有不良的情绪便都会烟消云散。

曾经有两位禅师斗法，一人说风动，一人说幡动，而慧能法师

一语道破："都不是，是你们的心在动。"

能否找回平静，根源仍在内心的修炼。所谓万物静观皆自得。我们无法找到一个绝对清净的地方，而且也很难说长久下来是否可以忍受，但在闹市中能保持心如止水，疾风吹过，亦不为所动，那将是一种强大的内心定力，是一种自我疗愈的能力。只要心静了，世界在你眼中也就静了。

你的梦想，要在沉静里脚踏实地

每个人都有其不为人知的梦想，也有很多人为其毕生努力，但是梦想的实现，最忌好高骛远。在这个浮躁的时代里能否保持一份沉静，直接影响着你是否能够达成心愿。

很多时候，我们也许会抱怨，自己没有遇上慧眼识英才的“伯乐”。但是据美国的一项调查显示，那些在职场上能够获得提升或是高薪的人，绝大部分是性格稳定的人，而并非是我们想象中的富有才华和高智商的人。

怎样才算是性格稳定呢？不抱怨，知道自己既定的目标，并脚踏实地向目标前进。而那些才华横溢却整日喜欢抱怨的人实际上是上司最不喜欢的人，但是因为他们毕竟还有用，所以一般是将他们留在基层，而很难给他们提升的空间。

一个毕业于名校的女孩，有很强的工作能力，可偏偏因为爱抱怨这一点让她在事业的路上难以走远。

“就拿这点钱，凭什么我要去干那么多，我的工作已经对得起这些工资了。”“凭什么给别人的活那么轻松，给我就是硬骨

头?”“公司的电脑太垃圾了，总死机让我怎么工作?”“临时下来一项任务，还催得那么紧，估计今晚是别想睡觉了。”如此种种，她的上司都听在耳朵里，只不过始终不动声色。

三年过去，她在单位依旧是原地踏步，那些默默无闻的同事们，都已经得到了不同程度的提拔。见此情景，她更加不满，于是抱怨得也越来越多。

大海之所以能够养育众多生灵，正因为它将自己放到最低，海纳百川，从而成就它的博大。当我们将心气放得极高的时候，很难沉静下来去做自己的本职工作，这反而会影响自己原本的发挥，也会将自己的格局变得越来越小。

同样有一位女孩出身名校——东京大学，她毕业之后到一家酒店应聘，结果经理给她安排了洗厕所的工作。

女孩满心委屈，洗厕所的活有谁愿意干呢?当她拿着抹布将手伸进马桶的时候，顿时觉得胃里开始翻滚，想吐却又吐不出来。上司的要求却很苛刻：马桶必须达到光洁如新的程度。

女孩觉得在这里简直是在耗费青春、才华，因此她每天都在痛苦与抱怨中度过。后来专业洗马桶的师傅过来教她，给她做了示范，一遍遍地擦洗过后，马桶已经焕然一新。最后，师傅从里面舀起一杯水，一饮而尽。女孩看到这里惊呆了。从那一刻起，她的思想发生了变化：我一定要在这里洗出世界上最干净的厕所。

她从洗厕所做起，慢慢成为企业老总，后来做到了日本的邮电大臣。这个女孩就是野田圣子。

即使是最卑微的工作，只要你脚踏实地，同样也可以有盛放的机会。也许时间会有点儿漫长，但是不要担心，你想要的，岁月一定会如数赠予。

小敏大学毕业后在一家广告公司上班，她衣着朴素，不事打扮，尚未脱去学生气。

上司因此不满，也怀疑她的能力，所以并没有给她什么工作。小敏空闲的时间很多，就帮同事打扫卫生，做一些其他的事情。当她小心翼翼地问上司是否有什么事情需要她来做时，上司有点儿不耐烦地回答："急什么，总会有你做的事。再者，打扫卫生之类的事情公司是有专人的，你不要去做。"

几天之后，小敏将自己策划的广告创意放在了上司的办公桌上，但是上司连看都没看就当作废纸扔掉了。第二天，小敏将一份新的广告创意放在上司的桌上，上司的态度依旧。几次下来，有一次，上司对小敏说："其实你不适合干这一行。你的广告创意缺少新意，而这一行缺少创意是致命伤。"小敏感到委屈，但还是感谢上司的指导。其实，那些创意她一直都保留着，因为其中饱含着她的汗水。

此后，她再也没有将创意放到上司的桌子上，更多的时候，她

是在安静地学习，以至于大家似乎都忘了有她这个人的存在。

一次，老总派她的上司去洽谈业务，本来已经要签约了，对方却在前一天突然打电话说要跟另一家公司合作。上司气得破口大骂，却也无可奈何。小敏之前便了解这家公司的业务，也曾设计过一些广告，于是便毛遂自荐希望用自己的创意来打动对方。上司虽然不抱希望了，但还是让她去试一下。

第二天下午，老总满面春风地走进公司，后面的小敏也显出抑制不住的喜悦。老总宣布小敏用自己的创意说服了那家公司并拿下了一笔大订单的消息，并说下班后要给小敏庆贺。面对这个结果，上司的脸红了。

此后，小敏总会提出好的创意，老总也越发赏识她，而之前颇有成见的上司，也不得不心悦诚服了。

小敏没有浮躁，而是选择了安静地学习以提高实力，最终成功逆袭，完成了她的华丽转身。

达成梦想的路不会一帆风顺，总会几经沉浮，但是如果你因此而浮躁，便会让你的梦想胎死腹中，无缘见到希望的模样。沉静下来，走好自己的每一步路，不慌不忙，时光会给你最丰厚的回馈。

在独处的时间里反观自我

独处，在今天似乎已成为一种稀缺的能力，挂在人们嘴边更多的是“寂寞”“无聊”之类的词语。并不是所有的独自一人都叫作独处，真正的独处实则是一种对内心的静观自照。

对很多人来说，独处是一种刑罚。一个人的孤独，在他们看来可谓是“冷冷清清，凄凄惨惨戚戚”，有说不出的凄凉。

他们觉得生活本来就应当热闹繁华，在人群中才会找到真正的欢愉，生命一场，为何要将自己冷落在无人的角落，而不是在呼朋引伴中活色生香？

然而，唯有独处的时光，才深藏着你的人生态度。学不会独处，则不能获得成长。如果独处的光阴里杂草丛生，那么只能说你还并没有学会对自己的人生负责。

正如周国平所说：“独处是一种能力。”懂得享受独处的时间，是喧嚣之后的放松，是浮华背后的提升，是对自我心灵的找寻，是物我两忘之后的淡看江湖。

梭罗在瓦尔登湖畔建起木屋，在那里的独处，供养着他生命的灵感，完成了世人奉为经典的《瓦尔登湖》一书。在耕种自足的过

程中，他与大自然和谐相处，其实也完成了与自我充满默契的交流。

有句话说得很好：“独处时，静美随之而来，清灵随之而来，温馨随之而来；独处时，贫穷也富有，寂寞也温柔。”

如今的人们似乎越来越缺乏独处的能力。于是，“无聊”也成为他们表达孤独一人时心灵常态的高频词。

一个女孩，她忍受不了孤独，需要有人时刻陪伴她。

丈夫出差一周，这真是快要了她的命。她每晚都要跟丈夫通电话，抱怨没有他在身边是如何的寂寞。可由于项目原因，丈夫所在的小组必须延期返回。她最后实在忍受不了，给丈夫的领导打了个电话，抱怨这次出差给家属带来的苦楚，以及她对丈夫的思念。

领导也理解她和丈夫新婚之后的别离之苦，将她的丈夫提前放回。

丈夫回来的那一天，她欢天喜地，有如获得特赦一般。

她黏人不止黏丈夫，也黏同事，黏朋友。平时在单位，午餐她是没办法一个人吃的。

如果丈夫有应酬回来晚，她一定要喊朋友来陪她吃饭。她说一想到自己要一个人对着一桌饭菜悄无声息地吃完，就会感到不能忍受的凄楚冷清。

这个女孩的人生，几乎是没有办法独立存在的，因为她将自己

“黏附”在他人身上。你无法想象，离开他人的陪伴，她的生活会是怎样的光景。

我们应该还记得那位主演过《她从海上来》的刘若英，这位女子可谓是将人生活出了一种明澈，活出了一种大气从容的智慧。

她说：“两个人之间，即使物理上有距离，心只要挨得足够近就可以了。”

在家里，她和丈夫的书房，恰恰在房子对角线上的两端，中间要经过厨房和餐厅。进门之后，一个向左一个向右，俩人在各自的书房里做自己的事，互不干扰。也会一起出门，然后走向不同的电影院，去看各自喜欢的电影。

看似彼此不够恩爱，实则是在最深的爱中尊重彼此那一方独立的空间，而不是以爱的名义将对方绑架在自己不喜欢的事情上。

在一起的时候便是纯粹，没有三心二意，更不用担心对方是否会移情别恋。他们在内心有自己独处的方式，而彼此又心有灵犀。

如果没有独处的能力，刘若英又怎敢说“我敢在你的怀里孤独。”她的快乐，不需要寄托在他人的身上，而学会独处，反而使她更加拥有爱的能力。

一个人如果珍视自己的独处时光，他是不会容许它荒芜的，每一分每一秒，都会有属于自己的丰盈，因为可以取悦自己的事情实在太多了。

一 这个世界上，本无优越感

优越并不是与生俱来的，谦逊也是后天习得的美德。当你开口炫耀的一刹那，你的人格魅力已经贬值，因为你的言行早已泄露了你灵魂中的卑微。

这个世界上，有些人总会表现出一种优越感，喜欢在人前炫耀自己的财富、外貌、能力等等。他们不顾别人的感受，一味地卖弄自己的高高在上，很多时候它不但会激起对方的逆反心理，反而会让别人在心中对你不屑一顾。所以与其卖弄，倒不如让它们自然而然地呈现出来。

在这个世界上，本无所谓优越与否。每一个生命都因为其独一无二而不能进行高下的比较。或许很多人因为成功而自鸣得意，但在生命的快乐上却未必能及那些过着平凡生活的普通人；也有人因为自己的卓越而不可一世，却不知“木秀于林，风必摧之”，倒不及那些默默无闻之人更少了许多烦恼和压力；有些人可能因为自己天姿国色而睥睨他人，可是却不知朴实素净之中自有一种岁月无声的安然与气质，它由心而生，与容貌无关。

有位员工第一天上班，负责开车去接老板。当走到乡间的土路上时，恰巧迎面过来一位拉着架子车的农民，两车相遇，道路狭窄，没法避让。员工下车，气势汹汹地开骂：“你知道耽误这一会儿我得少挣多少钱吗？”农民不客气地回道：“你们城里人的时间是时间，我们乡下人的时间就不是时间吗？”“你这个乡下人什么也不懂，你知道我是去接谁吗？接我们老总。”“你们城里人又怎么了？没有我们这些乡下人种粮食你们吃什么？还说自己是城里人，你看看你自己的素质。”正在争执之间，一位男子打着伞走过来，冲着农民叫了声：“哥！你咋在这呢？”几乎是同时，员工脱口而出：“杨总！”场面顿时尴尬起来。“怎么回事，哥？”杨总问。“你回去教育教育他吧。”农民扔下车，头也不回地走了。杨总对那位呆立着的员工说：“拉上车，跟我走。”两人一前一后消失在雨中。

这位员工明显因自己城里人的地位而颇感优越，但是以此来蔑视以耕种来供养天下人衣食的农民，这只能显出他的浅薄与傲慢。颇富戏剧性的结尾，对凭借地位、身份的优越感而戴着有色眼镜看人的那些人，无疑是一个莫大的嘲讽。

一个人也许身份卑微，然而再卑微的骨头里也有日夜不息的江河涛声澎湃。故而没有必要在别人面前炫耀自己的优越感，因为任何一个人都没有炫耀的资格，这种优越感本身也无从说起，实质上这不过是自我感觉良好。

小赵总喜欢炫耀自己，而且是不惜利用一切机会。一位同事正在为儿子仅仅2分之差没有考入北大而惋惜，她在一旁说：“说起我家儿子也是，小升初才考了个99分。”此言一出，周围瞬间静了下来。

后来小赵调动工作，离开单位时，并没有出现她想象中热烈欢送的场面，只有一位干部例行公事将她送至楼下。

卖弄的心理大家多少都会有，但是卖弄多了也会如同吸毒一样渐渐上瘾，使你在众人的赞美和奉承之中飘飘然不知所以。实则很多东西即使你不去展示，别人也会看得到，并且因为谦逊和低调，你自然会赢得别人更多的尊敬。

小叶刚刚来到单位，工作积极，业绩出色，得到了领导的赞扬。很多人因此心中不满，所以联手排挤她。

但是小叶的友善一如当初，每每受到表扬的时候，她都会说这应该是某人的功劳，还要感谢他提供的建议或助力，她才能将工作完成得这样顺利。

大家不知不觉已经不再敌视她了，反而喜欢与她交往，有困难也会来问她的意见。而她始终不居功，更多的是对别人的赞扬。也正因如此，她在众人中有着超乎寻常的亲和力，在部门评级的时候，被大家一致推为主管。

小叶并不在他人面前秀自己的优越，而她本身的谦逊却为自己赢得了众人的尊敬，也让她顺理成章地得到了升职。如果是你应该得到的，那么早晚都会给你，不必秀，也不必争，事实会成为你最好的证人。

有位哲学家说：“自夸是明智者所避免的，却是愚蠢者所追求的。”如果因为优越感而喜欢锋芒毕露，那么你的优势不仅不会为你带来好处，甚至还可能招致杀身之祸。

当年曹操出兵攻打刘备，被马超堵截，难以前进。曹操本想收兵，却又怕被对方耻笑，犹疑不决，回营大叫“鸡肋”。恰巧一位将军听到，告知主簿杨修。杨修回营便打点行李，将军不解，杨修回答：“鸡肋吃来没肉，丢掉却又可惜。实际上是说待在这里没有什么好处，倒不如整理好行装等待，一旦魏王下令班师回国，我们也可以从容上路，不必慌张。”将军叹服。

得到消息的将士们都在收拾行李准备回家。曹操知道了这个情况，就把杨修叫来询问，杨修如实以对。曹操见杨修如此聪明，不禁妒火中烧，于是就以传播谣言、扰乱军心的罪名，将杨修处死了。

实际上，如果杨修不将自己的聪明表露无遗，或许还不致身首异处。也许他满心期待曹操对他的赞扬，却不料最终加速了自己的死亡。在这件事上，他的聪明并没有使他比其他人优越，相反还加速了他面对人生必然结局的进程。

这5个技巧，教你保持心如止水

1. 让自己学会成为一个“知足者”

或许你时常感到焦虑和烦躁，但你是否想过这一切源于何处呢？

据心理学家研究，世界上有两种人：一种会在海景选择中挑出最终那个绝佳的选择，另一种只要找到差不多满意的就会心满意足。虽然前一种人的选择结果远胜于后者，可是他们的满意度往往更低，也就更容易焦虑和烦躁。

没有人会在意你忙中出错的细节，也没有人会记得你在众人面前的尴尬。给自己一份犯错的勇气，知足常乐才会让你在喧嚣的尘世里闹中取静。

2. 专注于呼吸

身体和大脑是有着互动的，所以大脑无时无刻不在接受着来自身体的信号。

当你焦虑时，呼吸自然会变得浅而快，而你如果尝试改为放松地深呼吸，同时在心中默数，将手放在腹部感受气流的出入，这样能够有效缓解焦躁。

或者采取坐姿，在椅子上自然坐直，双脚平放在地面上，闭上眼睛凝神呼吸，用鼻子缓缓吸气，再用嘴巴慢慢呼出，专心体会身体的感受。

当然，要将全身肌肉放松到一个自然而然的状态，还可以采取比较随意、开放的姿势。

3. 冷静的思维暗示

当压力袭来，你的心跳会莫名地加速，此时如何保持头脑不发热而冷静思考呢？

不妨给自己一个思维暗示，提前给自己设立一个关键词，一旦想到它，就必须让自己静下心来。可以是简单的一句“冷静！”或者是在你生命中有深刻影响的人的名字，前提是这些必须对你切实有效。

4. 做一些简单重复的工作

如果你的大脑没有完全被事情占据，那么它空闲的部分就会不自觉地向焦虑游走。

此时你会对之外的事情毫无兴致，但恰恰是这些看似无关的事情可以带你走出焦虑。可能只是一些简单重复的工作，比如，整理房间、洗衣服、清理桌面，这些都比你一直坐在那里焦虑要好得多。它们能够有效地帮助你分散注意力，快速将心情归于平静。

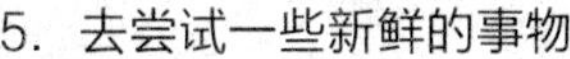

5. 去尝试一些新鲜的事物

当你烦躁不安的时候，尝试在自己的生活中做一些小小的改变，走出一成不变的常规生活，开启真正崭新的一天。

也许是在外面坐在店里享受一顿美味的早餐，也许是换一条没有走过的路线去上班，看看沿途的风景，也许是将自己的穿衣风格做一次改变，还可以转变与人交往说话的方式。也许这些事都很细小，但是从中你会有种改变自己生活的成就感。生活的魅力就在于每一天都有新奇的变化，而好奇心和新鲜感会帮助你渐渐消除烦躁与焦虑。

章首语

很多时候，不是我们左冲右突找不到出口，而是我们不知不觉给自己画地为牢。人心是比宇宙还要广博的存在，可你将它变得局促了之后，天地就小了。女人固然要温婉，但同时也要大气，这是来自于胸怀放宽之后的超然，它将使你不受困于红尘烟火中的细微琐屑，而在心底为自己留一片海阔天空。

第九章

女人超然不受困，胸怀放宽不局促

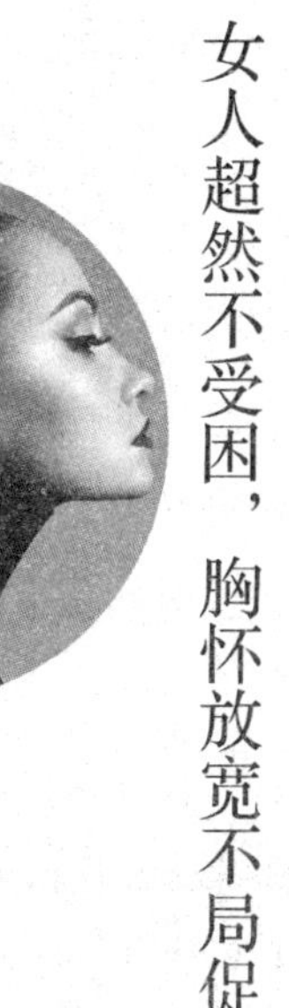

缺少自信，拷问的爱情走不远

爱情印证的是彼此的心迹，也是彼此的信任。当你选择一个人来倾诉衷情时，应该对他有足够的坚信，这也是对你自己的眼光有自信。爱情不是谍战，婚姻不是审讯，如果每日被怀疑折磨，那么两个人终究会越走越远。

在爱情与婚姻中，许多女人因为缺少安全感，恨不得将对方套牢在自己身边。这实际上是一种极度不自信的表现，于是两个人在一起的时候，对方会觉得有如进入了牢笼，甚至如同在经受一场拷问。时间长了，爱情就会烟消云散，而婚姻则真的变成了一座坟墓。

男人处在这种环境中，极为讨厌被约束的感觉，会极力想挣脱这种束缚，而很多女人会以爱为名："我这样做都是因为太爱他了呀！"实质上真正的爱不是占有，不是控制，而是尊重与信任。倘若你对他不够放心，只能说你对自己的爱是否能挽留他也没有信心，另一方面也是你对自己择偶眼光的否定。如果你连自己都不够相信，那么当初为什么相信了自己的选择与他共度人生呢？

小晴的丈夫英俊潇洒，是位公认的帅哥。他和小晴结婚之后，由于公司拓展业务，他又被提升为业务经理，不得不早出晚归。他对小晴甜蜜依旧，但是日久天长，小晴开始怀疑他是否真的需要参加那么多的应酬。

小晴越想越疑神疑鬼，于是她开始对丈夫进行“侦查”，当看见他常和一群人出入于各种娱乐场所之后，小晴的心里越发不安。于是她想了一个办法，每当他出去应酬的时候，她都不动声色，中间打电话过去，骗他说自己有急病，或者遇上什么麻烦了，钥匙落在家里了，等等。

丈夫信以为真，回到家一看发觉上当，苦笑之后便是愤怒，俩人的争吵由此开始。这样导致了他和很多客户失约，因为中途退场，客户认为他不讲信用，于是丢了很多可以轻而易举拿下的生意单子。因此，他也被领导降级。在这种压力下，他很痛苦，不明白婚后的妻子怎么就变得这样不可理喻。后来他与小晴离了婚，取而代之的是单位的一位女同事。

此时的小晴还无法理解，自己日夜紧盯的丈夫怎么就被盯飞了呢？

婚姻是座围城，如果想要留住城里的人的那颗心，就不应将他抓得太牢，毕竟这种窒息的结果反而会让他离你越来越远。真正让人依恋的是海阔天空的自由而并非是装着金丝雀的笼子。将对方掌握在自己的手心，也许你会觉得自己胜利了，其实只能使他在感情上对你越发疏远。感情的保鲜不是朝朝暮暮，而是即便远隔万水千山依然会有对彼此的坚信，心有灵犀。

小瑜与丈夫结婚后，人人都艳羡他们俩是一对美满夫妻。实则因为小瑜很多时候并不纠结一些细枝末节的问题，家中向来也都风平浪静。

但是小瑜怀孕之后，发现丈夫与自己有些疏远，经常会加班到很晚，在家也经常对着手机。她并没有去查他的电话，而是观察了一段时间，发现他并没有出轨的迹象，也就将这件事弃之脑后了。

这个周末，夫妻俩一起看电视剧，里面正上演一段婚外情被妻子发现的场景。丈夫在旁边叹一口气道："婚外情没什么意思。"这句话触动了小瑜那根弦，她接过话茬说："难不成你试过了？"

丈夫有点儿难为情地笑了，对小瑜坦白了那段时间感情上的动荡。小瑜怀孕生子的时候，他的初恋恰巧来到了这座城市工作，自然也免不了找他帮忙。时间长了有点儿旧情复燃的意思，丈夫当时很矛盾，感到难以抉择。但幸好那段时间小瑜很大度，没有追查，这样他也有一段时间去充分考虑，终究还是及时收心。否则，如果像电视剧里那样，那后果就不堪设想了。

如果感情变成了拷问，那么两个人的相处只会变成煎熬。你无法希望对方的所有都如你所愿，因为那已经不是他本人，不过是你的一个分身，或者说是一个投影。那么说到底你无非是在与自己进

行一场恋爱，却终究无果。

你愿意给对方以信任，也证明你对他足够了解。如果心中尚有忐忑，或许印证你之前的工作并没有做足，两个人在一起有些匆促，彼此还没有真正走入对方的内心。而倘若给对方一个宽松自由的环境，或许有一天你会突然发现，当你给他“松绑”之后，你们的心反而比原来更近了。因为爱是两颗并肩却又独自站立的树，不依附，也不倚靠，却可以枝叶相交。这是两个灵魂在一起时最好的状态。

孩子，我不想用我的意愿控制你

以爱为名，不仅仅存在于你和你的另一半之间，同样也存在于亲子关系中。但是以爱为名的背后是什么呢？究竟是对孩子自我完整人格的尊重，还是仅仅将孩子当作你的附属品？

曾经有一个段子：

一个秋天的早晨，许多孩子陆续踏进校门，短袖、长袖、薄秋装，不一而足。但有一位小姑娘竟穿起了羽绒服。别人问她：“你穿这么厚，是很冷吗？”小姑娘回答：“有一种冷，叫作‘你妈觉得你冷’。”

有时，我们会否认孩子的感觉，把自己的感觉强加给孩子，虽然理由是“妈妈为了你好”，但是不要忘了孩子也是一个独立的个体。

不错，父母都希望孩子日后生活得更好，所以很多父母早早就已经开始给孩子铺路，为孩子规划他们未来的蓝图，希望孩子只要按照这个轨道去行走就好，如果偏离，就是辜负了自己的苦心。为此不断给孩子施加压力，却从来不问孩子他们真正想要的究竟是什么。

一个叫小莹的女孩，自从她上幼儿园开始，父母就一直告诉她要好好学习，以后考上清华。从此，她就在这个既定的框架中日复一日地努力着。

12岁的小莹果然不负众望，考进了一所市重点初中。她想，这次终于可以休息了，可以暂时告别书山题海，好好放松一下，甚至还在计划着去哪里游玩。

晚上妈妈回来时，手里拎着一个大袋子。小莹打开一看，里面全是初一的课本和辅导书。小莹感到当头一棒，妈妈却不管这些，继续跟她说："可不要以为考完试就轻松了，现在的课程可紧着呢，如果不提前学，你到了学校就会被大家落下的。况且能进这所学校的可都是尖子生呢！""妈妈，我明白您的意思。可是……""可是什么？你的目标我们早就给你定好了，就是清华。当年你爸爸就差1分错过了清华，现在这个未完成的心愿就看你了。而且我们这都是为你着想，上了清华，出国还是就业，那就顺风顺水了。等你考上清华，你想做什么我们都依你。"

小莹看着这些厚厚的资料，一晚上都在发呆流泪。第二天，她留了一张字条，便离家出走了。

孩子小小年纪，就要承受这么重的负担，而所带来的后果严重者便是走上极端。虽然现在生存压力很大，但是这并不意味着要让孩子从小生活在沉重的期待里。被动地接受只会让他感到痛苦，甚至滋生叛逆心理，而当他为了自己的兴趣与理想去学习时，就会表现得积极主动，这时的效果是截然不同的。也许孩子本来不会厌学，但是在父母的施压下，反而让他觉得学习是一个痛苦的过程，生不如死，这样只会适得其反。

心理学家武志红的一位朋友的孩子，在小学竞选班长。其他的孩子都说完了，其实一听就是家长帮忙写的演讲词，而他上去只有三句话："我是某某某，我希望你们支持我，我愿意为大家提供最好的服务。"

出乎意料，他高票通过。

可是一年后，他不喜欢当班长了，便主动申请辞职。

班主任老师很惊讶。因为不跟家长商量就主动来辞职的孩子，他还是头一个。

他懂得听从自己内心的意愿。在其他事情上，他也都很有主见。不会因为一个老师就讨厌或喜欢一门课。

这个孩子的父母并不以自己的意愿来控制孩子，他们将他作为一个独立的人来尊重，尊重他的选择。于是他比其他的孩子在心智上更加成熟，也更早地知道自信对于生命的意义。在未来的道路上，他也会有自己独立的思想和见解，而不会人云亦云，被人洗脑，上当受骗。

在电影《死亡诗社》中，尼尔在参演莎士比亚戏剧《仲夏夜之

梦》的过程中受到父亲的阻挠，因为历来他都是遵从父亲的愿望，甚至在此压力下辞去了校报主编的工作。但是在出演话剧这件事上，他发现了内心积久的渴望与自己真正热爱的事情。在基廷老师的鼓励下，他与父亲进行了交流，并以为父亲已经准许。他的演出获得了观众热烈的称赞。然而演出结束后，父亲气急败坏地将他带回家，第二天就要给他转学到军校，让他没有反抗的余地。当晚，尼尔举起手枪，结束了自己年轻的生命。

其实，很多时候面对孩子，正如诗人纪伯伦所说：“你们可以给予他们爱，却不可给予他们思想，因为他们有自己的思想。你们可以荫庇他们的身体，却无法荫庇他们的灵魂。”我们以为在这个世界上为孩子所做的是最好的安排，可是我们是否问过他的意愿呢？在他正青春的年龄，剥夺了这个阶段他本该享有的一切，让孩子的一生少了幸福感的不是别人，正是声称最爱他的父母。

如果可以，请对你的孩子说：“孩子，我不会用我的意愿去控制你，听从内心的召唤，去做自己认为快乐的事吧。而我，只是一个在麦田里远远观看的守望者。”

修养是话到嘴边要留情

话到嘴边留三分，避免恶语伤人，在与人交际中为对方留一分情面，也表示着你良好的修养。对于自己的语言，我们同样要承担责任，正如传统说法中要求人们要修口德一样。

人在生气的时候，总会口不择言，于是各种伤人的话也就脱口而出。介于关系远近亲疏的不同，这种情况更多地发生在亲近的人之间，比如，夫妻、亲子、兄弟姐妹之间。虽然说人无完人，但是必要的节制依然是不可缺少的，话到嘴边留情面，其实可以看出一个人的修养，因为这不仅是给对方留情面，也是给自己留有余地。

梁冰与丈夫是一对自由恋爱的美满夫妻，婚后梁冰也是温柔可人、通情达理，丈夫更是觉得娶了这样一位妻子是几世修来的福分。

可是好景不长，生完孩子后，梁冰的脾气似乎急转直下，对丈夫指手画脚，大声训斥，仿佛丈夫一无是处。丈夫有时怀疑：这还是从前的那个梁冰吗?

有一天早晨，丈夫在厨房做早饭，梁冰忙着照顾孩子，一股烧

焦的味道飘来，梁冰知道饭又烧煳了。她冲进厨房，没头没脑地一顿骂，说丈夫怎么这么笨，连个早饭都做不好。丈夫终于忍受不住了，动手打了梁冰一巴掌。

梁冰赌气回了娘家，两个人谁也不认错，后来索性离婚了。但离婚之后，梁冰还是会想念孩子，想起丈夫以前的好，可谓是悔之无及。

诚然，亲人之间可以省去许多客套，但是话到嘴边及时停住其实也是对亲情的珍视与守护，因为再坚固的亲情如果被恶言恶语摧残久了，也会渐渐变冷、变淡，最终如彩云易散，而始作俑者却是我们自己。

家中如此，在外更如是。

有一个女子到餐厅吃饭，始终怨言不断，这也不好吃，那也不顺心。服务生一直耐心地给她道歉。

可她依然不肯罢休，指着一道菜说："这还能叫菜？我看当猪食估计都没有猪愿意吃！"

服务生的忍耐到了极点，于是怒气冲冲地说："好，既然您这么说，那我就去给您弄点猪食来！"

案例中的女子口不择言的粗俗暴露了她的修养程度。话到嘴边留三分，是言语间积下的德行，更是给自己留下回旋的余地，避免尴尬。毕竟说出的话如泼出的水，难以收回，我们谁又可以对自己说出的话不负责任呢？

丘吉尔告别政坛之后，一天骑着脚踏车在街上闲逛。

不巧，有一位女子骑着脚踏车迎面疾驶过来，刹车不及，撞上了丘吉尔。

没想到女子先开口了："你这个老笨蛋，怎么骑车的？难道出门不带眼睛吗？"

丘吉尔却不生气："对不起，对不起，我不太会骑车。看来您骑车已经是一把好手了吧？"

女子的气顿时平息了一半，这才注意到面前的人是丘吉尔，不好意思地说："抱歉，抱歉，我是半分钟前才学会的，谢谢您教会了我骑车。"

相信听到丘吉尔温和的回应之后，她也会后悔自己的出言无状。所以无论何时，我们都不要因为一时之气将话说得太绝，如此才是一位优雅的女子。

能否做到话到嘴边留三分，能考验一个人的自我节制能力，也是检验一个人心胸是否宽广的一个有效途径。谦虚的人将世事看进心里，也会守好自己的嘴巴。如果心胸狭隘，那么如何能盛下种种怒气？当你的心容不下的时候，自然难免脱口而出。只图一时之快，实则伤人又害己，最终两败俱伤。

一

人生是场经历，悦纳所有的不完美

人生本来就是一场经历，虽然要有五味杂陈，然而正因如此才得以称为圆满。不完美的存在，恰恰证明了完美的丰富与多元。

曾经有一位老人已届耄耋之年，依然孑然一身，四处流浪。实际上他是在寻求一位完美的女子。

有人好奇地问他：“您这一生走遍大江南北，遍行天下，莫非还没有找到吗？”

老人答道：“当然是找到了。”

“那您为何不与她结为伴侣呢？”

老人仰天长叹：“可是，她也在寻找她心中认为最完美的男人。”

世界上本来就没有十全十美之人，缺陷和遗憾无处不在。重要的是你如何接受缺陷，悦纳生命中所有的不完美。

有一位渔民收获一颗珍珠，欣喜若狂。可是当他仔细打量，才发现珍珠上有一个小黑点。他决定将它打磨掉，这样它就可以成为一颗完美的珍珠了。然而他打磨了一层又一层，黑点始终存在。当黑点消亡的那一瞬间，珍珠也化为乌有了。

断臂的维纳斯早已是人们心中公认的缺憾美的代表。虽然也有艺术家尝试为她补全手臂，但是无论设计成什么样，都远不如原先断臂的美来得更加自然、协调。而生活中，正有这样一个女孩，堪称现实版的维纳斯。

凯丽·诺克斯是一个天生没有左前臂的女孩，在7岁的时候，她便决定以“独臂女孩”的真实面目示人，而且她有着自己的模特梦。经过形体训练之后，她在全英残疾模特大赛中脱颖而出，获得冠军，媒体将她称为“维纳斯女孩”，是“继维纳斯之后最美丽的女性”。

凯丽可谓是被上帝咬过一口的苹果，因为她独特的芬芳，所以她拥有了与别人不同的独特命运。而她坦然接受这个事实，并用行动去接受自己的不完美。她平静地迎接众人的目光，并活出自己生命的精彩。

也许你会说，她没有受到来自外界的嘲笑和压力，所以能够如此自信乐观。那么来看另外一个小男孩的例子。

美国思科系统公司总裁约翰·钱伯斯先生，在小时候是一个经常被众人取笑的孩子。他第一次读课文的时候，起初还很正常，但

是偶尔会不连贯，同学们的笑声让他心慌起来，他读得结结巴巴，甚至开始丢字落句。同学们由窃笑变成了哄堂大笑，幸亏老师的及时制止，否则他无法将课文读完。

他后来明白自己是患了阅读障碍症，越来越害怕朗读课文和在公众场合讲话，但在沉默中他依然坚持刻苦地学习。尽管做一件事他比同伴们要付出多倍的精力，但确实卓有成效，就在中学毕业那一年，他的成绩是全校第二名。此时阴影已经在他身上渐渐淡去。在大学期间，他爱上了篮球，并从中体会到团队精神的重要性。

如今，他在种种场合宣传他的业务，他的演讲与座谈几乎场场爆满。

面对他人的眼光，你要跨过的其实是自己心里的那道关卡，只要你自己不是过于看重它，他们的冷嘲热讽就无法对你产生实质上的影响。毕竟，真实的你，无人可以替代。

别人的幸福，何妨欣然随喜

如今“虐”“扎心”等词语大行其道，有时也从侧面反映出一种看不得别人过得比自己幸福的嫉妒心理。其实，别人的花好月圆，我们欣然随喜，为他祝福，这对我们又有什么妨碍呢？

如果身边的人过得比我们幸福，我们的心里是否会涌上一股酸溜溜的味道呢？也许会诧异为什么幸运偏偏降临在她的身上，却不曾对自己有所垂青呢？实际上这便是嫉妒的心理在作祟，甚至还会有种“吃不到葡萄说葡萄酸”的味道。其实，所有这些，无非都是庸人自扰。因为你的幸福并不依赖于其他人的状况，而真正掌握命运主动权的，是你自己。因此，真正能为你的幸福负责的，归根到底仍然是你自己。

而他人的幸福，并未伤害你，又为何要心生怨恨呢？怨恨只会让你心中更加愤愤不平，给自己戴上一副无形的枷锁，不但对自己没有任何好处，反而你还会深受其害。

小莉近来总是郁郁寡欢，每每看到邻居家开着新车，全家人外出游玩的时候，她的心里就像有一个梗在那里堵着，甚是不快。

结果，她开始盼望邻居家会遇上一些麻烦，这样自己心里才会感到平衡一些。可是事情一直没有如她所愿，反而邻居家更幸福了，每日欢声笑语，而在小区里遇见邻家女主人的时候，对方也都是微笑着向她打招呼。结果小莉的心里更加不舒服，时间长了，饭也吃不香，觉也睡不好，整个人都瘦了一圈，而更要命的是胸口总是发闷，这让她怀疑自己年纪轻轻是不是得了心脏病。

小莉就是因为嫉妒而损害了自己的健康。当别人幸福的时候，你却受尽自己的折磨，与他人的差距越来越大，这些只会让你走进一个恶性循环中，陷入一个走不出的迷局。

心灵本该是姹紫嫣红的花园，而嫉妒是野草，倘若你放任它疯长，那么心灵的花园终究会荒芜。

古人说："心贼最为灾。"一旦嫉妒占据了你的内心，你就很容易失去理智去伤害他人，而最终会引火烧身，酿成悲剧。

看到别人的幸福，我们何妨欣然随喜，那是一种心胸的开阔，是对他人真诚的友善，也是对世间万事万物平等的态度。这是对自己的解脱，也是对他人的祝福。

其实，如果没有别人的美貌，那不妨培养自己的气质；没有别人的富贵，那不妨让自己成为精神上的富翁；没有别人的神仙伴侣，那不妨活成一位独立自由的女子。可以说，别人的好对你是一种鞭策，能促使你去完善自身，打造属于你自己的优雅气质。

安慰自己和他人的29句话

1. 每个人都有自己的活法

自家园里有春色，我们应过好自己的生活。

2. 不做欲望的奴隶

一旦放纵欲望，你就会成为它的奴隶。

3. 要活得轻松和快乐

人活一世，不必对自己苛求。

4. 喜欢自己才会拥抱生活

在别人爱你之前，先学会用爱的臂膀抱抱自己。

5. 多用善眼看世界

以善意的眼睛看世界，世界总有可爱之处。

6. 不要追逐世俗的荣誉

在追名逐利的过程中，很容易弄丢了那个真实的自己。

7. 极端不可取

过于敏感还是麻木不仁都不可取，持平和的心态才有可能窥见人生的智慧。

8. 不要过于计较别人的评价

别人的脸色毕竟无关天气，不如依然走自己的路。

9. 恶念越多，痛苦越深

当恶魔占据了你的心灵，理智就会失去力量。

10. 注意不要活得太累

学会解脱自己，让生活张弛有度。

11. 最重要的是今天的心

将今天的心捧在手中，便是实实在在的美好。

12. 自己的心痛只能自己疗

抱怨可以作为宣泄，但真正能牵你走出阴霾的还是你自己的手。

13. 好心境是自己创造的

让生活更好的钥匙本来在我们自己手里，只有自己才是生活的主人。

14. 用心做自己

在仅有的一世短暂里，全力以赴做好自己。

15. 别总是自己跟自己过不去

学会用欣赏的眼光看自己，因为自信终究要自己来赠予。

16. “想得开”才有快乐的心情

“想不开”是牛角尖里的执，“想得开”是天清地旷的智。

17. 烦恼是跟自己过不去

别让烦恼成为连锁反应，哪怕苦中作乐也很好。

18. 千万不能绝望

一生坦途是奇迹。然而为绝望让路，才是人生最大的不幸。

19. 人生总有可惜事

阴晴圆缺本是自然之理。遗憾总难免，沮丧却是下策。

20. “放下”就有好心情

断舍离远不止是生活方式，更应是一种心态。

21. 多理性行事，少意气用事

一腔热血、血气方刚，却不敢保证你不会后悔。

22. 沉默能省去许多烦恼

别让滔滔不绝给你带来不必要的烦恼，倾听反而是最大的智慧。

23. 只有信赖的人才可放心交往

交浅言深只能说明你涉世未深，而交友不慎也会为你招致意外的麻烦。

24. 不爱学习愚蠢多

聪明的人懂得学无止境，而愚蠢的人总是浅尝辄止。

25. 得意不忘形，失意不失态

顺境不喜，逆境不悲，宠辱不惊才是大格局。

26. 别人的恩泽要牢记

过河拆桥会自断后路，忘恩负义无异于自毁前程。

27. 别说过头话

人在气头上，易说过头话，事后方知自己是一派胡言。

28. 要善于消除误会

心中不疑，误会不生。坦诚相见，肝胆相照，误会也欲生无术。

29. 不可忽视别人

当你眼中没有别人，别人的世界也会自动将你忽略。而孤独恰恰是忽略的产物。

章首语

现代人难得的是一份心境的自足。曾经有人提出一个问题：“如果将你留在一个了无人烟的小岛上，你会怎样度日？”这个问题在很大程度上是在检验你内心是否可以独立而丰盈，你对身外世界的依赖程度有多高。只有内心自足、不假外求的女人，才可以称得上是真正的强大。

第十章
女人自足不空虚，内心丰盈不外求

计较付出的回报，格局就小了

付出不计回报，在这个时代似乎听来已是神话。然而一旦你计较了，便不过是执着于幻象之中，也失去了付出的本意。

总有人说："这世界上怎么会有不计回报的付出，毕竟谁都有自己的利益。"然而，人在天地之间，也取法万物。太阳付出光和热，几时曾向我们索取报酬？而供养我们万物的土地，堪称衣食父母，又几时问我们要过回报？即便我们给它的只不过是粪便与其他，而它却依然担负着生生不息的重任。

当你付出的时候，如果想着对方会给以回报，那么此时便不再是本心。因为你已经给自己设定了一个回报的预期，付出便已不再是无欲无求。而一旦预期成空，付出无所回馈，你就会空生烦恼。

有一个女孩，讲起她的男朋友，说他出奇地小气。

请她吃顿饭，他会念叨上十天半个月。

给她买件生日礼物，仅仅只是100元的价格，偏偏被他说成了500元。

有次女孩写论文，碰到需要翻译的外文资料，恰巧他是学小语种

的，仅仅用一个小时搞定的事情，后来他居然跟她说是熬了个通宵。

女孩奇怪，犯得上吗？还是希望她对他无限的感恩戴德？在屡次发现他的破绽之后，女孩很生气，也对这个男孩的人品十分失望。

朋友听说后，淡淡地说："恐怕这男孩根本没有那么爱你，才会因为自己付出了一点儿钱或精力就耿耿于怀，仿佛自己吃了多大的亏一样。如果爱，他当是甘之如饴。"

如果爱让我们背负了太多的情感压力与歉疚之情，那么便会成为绑架。

世间最沉重的其实莫过于人情的债务。如果不是心甘情愿，其实也没有任何人强迫你付出。

一女孩和一男孩恋爱，女孩的母亲患了重病，女孩托男孩帮忙买药。

一周之后，男孩将药带到。只是整个过程中，少有人知他是如何几经周折在熟人朋友中奔波，转手再转手，才买到那当时还是稀有的药品的，甚至为了去求朋友帮忙，他匆忙骑着自行车不慎在雪地里一滑，摔青了膝盖。但是此中的辛苦他对她始终一字未曾提及。

后来女孩了解到这些，嗔怪地说："给你添了这么多麻烦，你当时怎么不告诉我呢？"男孩憨实地笑笑说："没啥。就是不想让你知道。"

女孩听后，泪流满面。

因为爱，所以心甘情愿，只想看到对方发自内心的笑逐颜开，而不是为了赢得对方的好感，抑或是日后的回报，甚至会担心在对方心里留下歉疚与负担。

总是希望别人知道自己付出的人，在日后你们一旦遇到困难，对方最先想到的是他自己。而那个默默无闻一直帮助你的人，即使会损害自己的利益也会去帮助你，因为他对你的爱没有计较，只有真诚。

曾有人说：“如果你善待他人而期待有所回报，或希望人们仰慕你是一个菩萨，这就是一个错误。这种态度与菩萨的真正发心之间有天壤之别。”正如那个故事，将别人的好刻在石头上，将别人的不好写在沙子上，同理，我们也要将自己对别人的好写在沙子上，付出之后，便尽快遗忘，否则它们会慢慢变质，你将难以找回自己那一尘不染的初心。

付出如同一面镜子，会映照出一个人的内心，究竟是居高临下的骄矜，还是坦荡从容的大气。前者付出是筹码，后者付出是天性。

当你不自觉地开始计较，你便已经从爱的范畴中出局。而计较的同时，你的格局便小了，从此你只看得见井口的天空，而付出之后心无挂碍的人们，他们的心灵，犹如天空中的飞鸟划过，爱已无声。

独立的灵魂，才会得到别人的赞赏

有言道："心随境转是凡夫，境随心转是圣贤，境随心转则悦，心随境转则烦。"可谓不无道理。女人守得住自己独立的灵魂，便活成了一株出水的莲花。

身处这个喧嚣的世界，对于灯红酒绿、悲欢离合，我们都已经习以为常，也会叹息世风日下、人心不古。然而身在染缸中，洁身永不染，这又有多大的概率呢？很多时候我们对于外物的依赖，恰恰让自己不知不觉地变成了以前最厌恶的样子，因为摇摇摆摆，无从寻求依托的时候，恰恰是你最容易望风而倒的时候。

如果保有自己独立的灵魂，我们的心境就不会随着外界的变化而摇摆不定，因为你能看到自己内心的笃定和坚持。即使独自一人，你也不会因焦虑而倍感无聊；在众人之中，你也不会随声附和而茫然不知所以。

也许举一个例子会更能说明问题。

从前，有一对姐妹都喜欢书法。姐姐总是要写得和古人一模一样，而妹妹却每一个字都要写得不同于古人。有一天，姐姐笑话妹妹：“你看看，你有哪一笔写出了古人的味道？”妹妹反唇相讥：“你看看，你有哪一笔写出了自己的风骨？”

无论别人如何精彩，重要的是你要有自己独立的灵魂，它会赋予你独一无二的风神韵致，让你在人群中不会轻易迷失了自己。

有一个女孩供职于一家广告公司，虽然几年下来人事变动犹如走马灯跑过场，薪资也并不高，但是她喜欢相对自由的空间。所以其他公司高薪聘请她的时候，都被她婉言谢绝了。

大学毕业五年之后的聚会，别人风光，而她依旧平淡。可是她不曾抱怨，也不曾解释，而依然故我。

毕业十年之后的同学聚会，她因故缺席。正当大家以为她因生活不如意而不愿见昔日同窗的时候，她发来视频，原来是因为出席一场新书发布会而未能到场。视频中，她依旧美丽，神采奕奕。黑发如云，眼神明澈不减当年的清纯。岁月的风霜，最终难奈她何。

十年来，她坚持写作，始终如一，那是她的心头好，经年的积淀使她终成名家。当其他伙伴都在被家庭琐事缠住无法脱身的时候，她却早已拥有情感的独立和经济的自由，来去如风，潇洒自如。

因为灵魂的独立，案例中的女子未被世俗的眼光所困，守着内心对文字的热爱，用从容不迫的态度将它铺洒成触手可及的现实。

因为，她有足够的勇气独立不倚，行走出自己特立独行的模样。

如果没有独立的思想，那么灵魂的独立就只是一句空谈。

香奈儿的创始人，从小镇来到都市巴黎，以她标新立异的性格，开始了对巴黎服装业的拓荒。从帽子开始，她凭借创新的思维，在服装领域进行大胆的革新，使香奈儿成为引领起一股时尚的新潮流。简洁、实用是她设计服装款式的理念，也意味着女性对自身的关注。在创业初期，如果没有一种敢于坚持自己观念的勇气，或许她就不会获得后来的成功。无论对文学、音乐等等，她都有超乎寻常的热爱，并且通过自己的思考从中获得创意的源泉，来为这个品牌注入源源不竭的活力。

她的创意来自于她与众不同的思考，来自于也许被众人视为另类的想法，但是正因为这些想法，她才是她自己，而并非其他人。在成功的同时，其实她首先是一个灵魂独立的女人。

有着独立思想的女人，她们不会孤芳自赏，也不会百无聊赖，而会活出自己的真性情，对于世间的万事万物有着自己独特的理解。岁月流逝也许会让她们鬓点清霜，但是无法侵蚀她们深入骨髓的那份高贵与典雅，日常的谈吐不经意会泄露她们内心的智慧与温情。即便光阴老去，人生走入暮年，而丰富的阅历只会让她们的思想愈发成熟，而不会因为孤独而彷徨四顾，茫然无措。

按照自己的方式去生活

他有他的风光无限，你有你的岁月安然。只要清楚自己想要的生活方式，就无关其他，哪怕你只是三间草堂，修篱种菊，同样是自己的人生。

每个人都有自己习惯的生活方式。当年明月在《明朝那些事》里写到的徐霞客，很多读者可能会认为他不合时宜：不参加科举考取功名，又不成家立业，整日浪迹山川，这明显是不务正业嘛！

可是真正的成功是什么？不是按照别人以为的方式去生活，而是知道什么才是自己真正想要的生活方式，并按照这种方式活得轻松随心。如同当年明月想要表达的：成功只有一个——按照自己的方式去度过人生。

每个人对幸福生活的标准各有不同，有人更偏爱物质的富足，有人更注重精神上的满足。而真正懂得生活的人，不会因为羡慕而活成别人的样子，而是知道自己的个性，并为自己选择最适合的生活方式。

有一个女孩在苏州工作了几年之后，抛弃了月薪万元的工作，开了一间小小的工作室，每天有更多的时间去做自己的事情。改变一下发型，租了碟来看电影，还会学习做一些精致的糕点来招待好友。

那个中秋节，她和家人一起吃着自己亲手做的点心，共赏空中皎皎月轮。

朋友问：“往年的这个时候你不是在外面游历山水吗？”她说：“现在不一样了，觉得在家里与亲人相伴反而才是最真切的幸福。”

这个女孩选择了自己想要的生活，也许在别人看来抛弃这样一份工作不免可惜，但是心之所向，她爱这份简单自由，我们无由责备。而且毕竟她有这份勇气活成自己的样子。

许多人会说，我不是不想选择自己的生活方式，可是我害怕失去安稳的生活。

然而人的一生中有太多的未知，倘若你为此犹豫不决，那么当到达每个人必须面对的终点的时候，你就会恍然发现，原来自己这一生没有随心地活过，这是否会成为永远来不及弥补的遗憾？

撒哈拉大沙漠，在我们的想象里有着令人望而却步的荒凉，三毛却选择了和丈夫荷西在那里定居，忍受着桑拿天缺水洗澡的苦楚以及在非洲的诸多不便，她乐此不疲地拿着照相机四处拍摄，亲身感受当地的民俗风情。虽然她年仅48岁便香消玉殒，但是正如她对姐姐说过的：“我的一世，比你十世活得都多。”

三毛的选择，在常人看来无法理解，但是走遍万水千山，与深爱的人相伴左右，对她来讲恰是最好的生活方式，她又何必因尘俗的眼光去改变自己呢？倒是她活出了很多女子都不曾有的人生的潇洒。她爱过，也痛过，生命也因此而丰富，是别人望而不及的盛大。

包括黄磊对孩子的教育，同样也贯穿着这种思想。

关于孩子弹钢琴的事情，黄磊说：“我们不会像虎妈虎爸那样逼着你们去掌握某项技能，我相信你们最应该会的肯定不是弹钢琴，哪怕你们真的可以和钢琴家弹得一样优美动人。”

他对孩子们说：“我希望你们对自己诚实，忠于内心的简单和轻松，也诚实地接受并消化自己的人生。你们不必成为世俗眼中富有成就的人，平凡最好。”

和孩子们谈起爱情，他说：“我不可能成为你们爱情路上的先导，如果有必不可免的烦恼，我也无法代替你们解除。但是，如果你们恋爱了，我会很开心，不一定要求学习不受影响，只是爱情的甜蜜你们需要慢慢品尝。”

这是一位身为明星的父亲给孩子的谆谆告诫，他会尊重孩子的

意愿，告诉孩子们最根本的是要寻找到真正适合自己的生活方式，不强求。这种自觉的意识，是需要从小培养的，毕竟在人的一生中，如果你不对自己负责，又有谁可以为你的生活埋单呢?

没有谁能替你更好地爱自己

在爱他人之前，学会爱自己是你要修习的一门功课。更好地爱他人的不止你一个人选，但是更好地爱自己，你却是唯一。爱他人是一种能力，然而倘若你没有学会善待自己，那么你同样没有力量去爱他人。

我们每一个人都渴望着被他人爱，被父母捧在掌心的爱，被爱人拥在臂弯的爱，被孩子信赖依偎的爱，被朋友惦念扶持的爱……然而有如此之多的爱，终究没有一个人能够代替你更好地爱自己。

其实，无论何时，能够与你朝夕相处的依然是你自己，也只有你最清楚自己的状况与需求。无论身体上的寒温饥饱，还是心情上的阴晴雨雪，每一丝细微的变化，你都会了如指掌，因此，又有谁可以替代你的位置无微不至地照料你自己？

也许很多人不以为意："有身边的人照顾我就可以了。"其实不然。如果你没有做到爱自己，那么你也就很难处理与他人的关系，因为此时你和其他人之间的关系建立在一种需要、依赖、不安全的感觉上，而绝非对等的交流。也只有当你有能力好好爱自己的时候，你才有能力去爱别人。

就像坐飞机的时候，飞行员会告诉你，先把自己的氧气罩戴好，再帮助孩子。如果你连自保的能力都没有，那么又如何去帮助孩子呢?

倘若我们缺失爱自己的能力，只寄希望于别人对我们的关爱，那么身边的人也会不胜重负，终有一天他们会濒临崩溃的边缘，此时我们用心经营起来的关系便也摇摇欲坠，不堪一击了。即使在婚姻中也是如此，女人爱婚姻，其实远不如爱自己来得更基础。

奥巴马夫人在接受采访时，坦言自己很快乐。问及秘诀，她的回答是“要注意锻炼并照顾好自己”。她每天4点半就会起床锻炼身体，如果有一天中断，她就会觉得很难受。这么早能起得来吗?她的回答是:“倘若为了上班可以早起，为了照顾孩子可以早起，那么为了自己为什么就不能早起呢?”

她决定要把“给自己优先权”作为一门课程教给孩子们，因为她不希望孩子们需要到了30多岁才恍然大悟，原来优先考虑自己有多么重要。

奥巴马夫人由于坚持锻炼，体态健美。她的原则是每星期要锻炼5次。此外在全家人的饮食上，她也格外用心。而她的个人魅力更是得到了美国媒体的普遍认可，她被评为“最性感的政治女性”。

学会爱自己，你也会像奥巴马夫人一样，成为你自己世界里的女王，独立而优雅。

生命中会有无数悲欢降临，但是如果悲伤不期而至，那么，你是否能够不让荫翳长久地笼罩心中的那一片丽日晴空？

芸的儿子在一场车祸中丧生，当噩耗传来，她悲痛欲绝，死去的儿子始终萦绕在她的梦里。但是她知道自己不能长久沉浸在这种消沉的状态里，必须用忙碌来帮助自己走出悲伤，摆脱阴影。

于是，她将精力投入工作之中，但是稍有闲暇的时候，哀伤还是会浮上心头，后来她索性不再逃避，让自己勇敢地去面对既成的事实，虽然这会让她感到万箭穿心。

慢慢地，她已经不会再恐惧那种情绪，最艰难的阶段已经过去，放下悲伤，她终究还要面对自己日后的生活。

“我已经能够重温人生的快乐，而痛苦永远留在昨天，它是我人生中的一段经历，之后还有漫漫长路等待我去行走。”走出丧子之痛的她，平静地说出了第一句话，让所有人都为她的坚强与豁达而感动。

爱自己，就不要让自己长久地忍受着不良情绪的折磨，毕竟这个世界上，只有你能决定自己是否快乐。

如果爱自己，首先要了解自己、相信自己，并欣赏自己。

爱自己的女人，有足够的自信，不会充满自卑。在众人的目光中，你自有你优雅的姿态，大方地展示自己最好的一面，那么你也会成为众人瞩目的中心。

爱自己的女人，并不会自恋甚至自怜，她会坦然接受自己的不完美，而且会努力开发自己的潜能，选择将自己的优势、特长展现给大家。

爱自己的女人不会将自我放纵当作对自己的宠爱，无论烟酒过度、起居不规律、暴饮暴食、懒惰还是拒绝新知识，都是对自己的一种戕害，也是对自己的一种窒息。这并非宠爱自己，而是对自己的不尊重。

保持健康与美丽，让不良情绪远离自己，即使一个人的时候，也要学会取悦自己。让阳光照进心里的每一个角落，在你投入别人的怀抱之前，记得用自己的臂膀好好抱抱自己，它会让你更富于爱的能力。

感恩这个世界的有情

你可能听过这样一句话："怀着感恩的心情吃蔬菜，比怀着仇恨的心情吃牛肉要好得多。"不错，我们感恩这个世界，因为它如此有情有义，赠予我们生命中如此盛大的筵席，即便曲终人散，它也依然在。

"感恩"这个词在我们生活中早已经习以为常了，但或许很多时候我们并没有想过为什么要感恩。先说何谓感恩。感恩是一种由心而生的境界，此时人将自己看作整个宇宙、生物界、人类的一部分，没有这样一个整体也就没有自己的存在，正因如此，人对这个整体自然而然地充满了一种感激敬畏之心。

暂且不提其他，这世上的万物是上天给我们绝好的赐予。即使你一无所有，孑然一身，也依然有风清月白、鸟鸣虫唱、山川明秀、云蒸霞蔚与你为伴，此时在自然的怀抱中，回归生命最本真的婴孩的状态，感受这个世界的有情，从中我们依然可以获得明天从头再来的信心与力量。

感恩也是对周围人和世间万物的一种尊重，同时因为感受到来自外界的爱，自然体味到生活的美好，进而整个心境也会变得积

极向上，充满阳光。感恩如同一股灵性的泉水，流淌在你的生命之中，为你注入永恒的快乐与幸福。

有一个女孩，不幸从小患上了脑性麻痹症，从此她被剥夺了自由行走以及开口说话的权利。但是她勇敢地面对这突如其来的打击，用自己的勇敢与坚强写下奇迹，最终获得了美国加州大学的艺术博士学位。

曾有记者问她："从小就长成这个样子，你心里有什么样的感受？会不会有一些怨恨？"

她拿起笔在纸上认真地写道："我的腿长得修长秀美，我的爸爸妈妈给了我最温暖的爱，我会画各种优美的图画，我擅长写稿，我还会……"她一口气罗列了许多的幸福，却只字未提自己的不幸。

最后，她以这样一句话作了总结："感谢生活给我最丰厚的赠予，正是感恩让我拥有一路向前的力量，且笑且歌且行，也拥有了成功的希望与动力。"

没错，就是这样一个在我们看来不幸的女孩，却用感恩的心态找到了自己人生大写的幸福，甚至可能让我们很多人都为之惊异，甚至羡慕。也正因如此，她获得了描画自己人生的主动权，在有些暗淡的画布上，抛洒温馨色调的画块，于是整个画板因她感恩的心境，回赠她满园春色、姹紫嫣红。

当然也有人选择了抱怨。

有一位天使来到人间，他希望给那些苦难之中的人们带去幸福与快乐。

这天，他碰到一位作家，这位作家年轻俊朗，还有一位温柔贤惠的妻子，一对龙凤胎整天围绕在他的身旁。可是作家每天愁眉紧锁，满脸忧郁。

天使问："我可以帮你做点什么吗？"

作家仰望天使，如同找到了生命的希望："我现在只缺少快乐。我的妻子虽然温柔但是相貌丑陋，我们俩又缺少共同的语言，每天能说的话寥寥无几；我的孩子活泼可爱，可是太过顽皮，让我无法静心写作；我的邻居每天都喜欢说长道短，有事没事就喜欢议论人的短处……这些让我实在是烦恼透了，我感受不到一丝的快乐！"

天使听完也觉得十分为难。不过天使想了一下说："好吧，我一定会满足你的请求。"天使走了，也带走了他身边的所有人，只留下他孤零零的一个人。

蓦然间，没有了妻子的温声细语，没有了孩子的欢笑打闹，没有了邻居的笑语连连，作家反而更加痛苦了。此时，他觉得一切仿佛都失去了意义。正在他准备告别这个世界的时候，天使出现了，将这些人全部还给了作家，然后悄悄离开了。

过了半个月之后，天使再来看作家的时候，作家拉着孩子，搂着妻子，向天使表示了深深的感激之情，因为现在他已经明白什么

才是真正的快乐了。

很多时候喜欢抱怨，恰恰是因为感恩的种子还没有落入你的心田。快乐并非是因为你得到的更多，而是因为你计较的更少。当内心被膨胀的私欲占据的时候，烦恼与痛苦自然而然就会将你缠绕，让你喘息艰难。

感恩阳光雨露的无私，给你明亮温润的生活；感恩高山的伟岸，让你有坚忍不拔的信念；感恩流水给你的温柔，让你与清净灵动缱绻；感恩蓝天的广袤无垠，给你放飞思绪的灵感。

感恩父母给予我们生命，给予我们全部的温情；感恩身边的人出现，茫茫人海彼此擦肩，便是上天赐予的缘分；感恩生活的丰富，让我们遍尝世间百味；感恩工作，让我们实现自我价值，使自己趋于完善。

感恩这个世界的有情，如此欣然地将幸福盈手相赠，让生为女儿身的我们与这万水千山、满川风月也可以深情对饮，把盏更酌。

看看德国人如何对抗无聊

1. 学习Doppelkopf

这是一种在德国北方地区非常流行的纸牌游戏，听起来堪比中国的麻将棋牌，想知道玩法，可以去网上学习。

2. 蒸桑拿

既能放松减压，还能美容养颜。当然，如果你觉得出去麻烦，那么在家里浴缸泡上两三个小时，效果也是一样的。

3. 邀朋友去咖啡店

在咖啡店里一坐，一个下午的时光可是飞去如梭啊。而且咖啡店还是友情与爱情的温床哦！

4. 阅读维基百科，每日一文，学习深造

周一到周五，每日一篇科普文，上至天文，下至地理，一年365天坚持下来，没准你会变身百科小博士。如果在国内条件方便，那么为自己添一门第二外语也不错。

5. 看奥斯卡获奖影片

在空闲的时间回顾一下经典也是一件很有意义的事呢。毕竟是花了两个小时来欣赏艺术嘛！

6. 打扫卧室

自己动手将卧室变得整洁一新也是很有成就感的一件事。花上半个小时为自己营造一个舒适的睡眠环境，还是很值得的。

7. 翻老照片做相册

翻翻从前的老照片，听爸爸妈妈讲那些散落在风中已经泛黄的故事，如此的周末怎能不洋溢着温馨的情怀？

8. 整理电脑桌面

倘若你大脑里一片空白，给图标们排个序，整理一下电脑里的文件，给电脑换个赏心悦目的桌面，都是极好的点子。

9. 去政府部门办事或者处理一下不喜欢的活动安排

平时不想做的事，顺手解决了也是为自己的生活减负。当然指的是那些比较容易解决的事情。

10. 自己动手做美食

不是有这样一句话嘛：“唯有爱与美食不可辜负。”没错，你可以去找一些新菜谱来尝试，也许能获得一项新技能。

女人的愤怒情绪可以分为很多种，如自卑、抱怨、争执、嫉妒、控制欲等等，可谓不一而足，更何况情绪本身千变万化，如果全部列举，则篇幅有限，故而选取较为常见的一些类型，试图给读者一些指导。

对于自身情绪的控制，其实还是中国那句老话：“解铃还须系铃人。”情绪由自身而起，调节控制也依然需要自己有所自觉，清楚愤怒情绪的危害，有意识地将自己的情绪向平和的方向引导。“纸上得来终觉浅，绝知此事要躬行。”知而不行，则读书无异于束之高阁，于实践之中，相信读者自会有更深切的体悟。

我们每日生活在无形的压力之中，为什么还要让愤怒剥夺我们应有的快乐呢？优雅是每个女人向往的气质，也是每个女人应该活出的一种生活状态。让愤怒绕道，优雅自会随风而来。